Monika B

KUCHNIA POLSKA

WEDŁUG PIĘCIU PRZEMIAN

Wydawnictwo EscapeMagazine.pl

Kuchnia polska według Pięciu Przemian

Monika Biblis

Wydanie drugie, Toruń 2013

ISBN: 978-83-61744-60-3 (edycja drukowana)

978-83-61744-08-5 (edycja elektroniczna)

Wydawnictwo EscapeMagazine.pl

http://www.EscapeMagazine.pl

Dedykuję Rodzicom:

Basi i Zbyszkowi

– moim pierwszym wzorcom Yin i Yang

Spis treści

Słowo do wydania drugiego

„Kuchnia polska według Pięciu Przemian" została wydana cztery lata temu. Była to wtedy pierwsza w Polsce książka elektroniczna o tej tematyce i m.in. dlatego zdecydowałam się ją napisać i wydać w takiej formie.

Po czterech latach nadeszła pora, aby wydać ją w formie książka papierowej. Stało się tak, podobnie jak z trzema innymi tytułami, za sprawą nacisków we strony samych Czytelników.

„Kuchnia polska", choć ukazuje się w formie tradycyjnej jako czwarta, jest tak naprawdę pierwszą książką, którą napisałam. Książka, której nie udało mi się wówczas, w dosyć niespokojnych dla mnie czasach, odpowiednio wykończyć, wygłaskać, wytulić, jak pierwsze dziecko, które się kocha, ale dla którego brak nam wystarczająco dużo czasu... Mogłam nadrobić to teraz i uzbrojona w większą niż cztery lata temu wiedzę, z nowymi refleksjami i przemyśleniami, oddaję książkę lepszą, wzbogaconą nie tylko o więcej przepisów i treści, ale też miejscami całkiem zmienioną. Pięć Przemian to nie tylko przepisy. To magia, która powstaje, gdy bierzemy w dłonie produkty, kroimy je i poszczególne smaki łączą się ze sobą. Przypominamy sobie, że jest to twórczość, praca rąk, serca i umysłu, i że na skróty nie da się otrzymać alchemicznego złota, jakim jest pełna energii, zapachów i barw ugotowana potrawa. Przepisów zebrałam tu ponad 100, w tym 6 znajdujących się w rozdziałach, gdzie tłumaczę jak prawidłowo gotować w pięciu smakach.

Dziękując Wydawnictwu oraz okolicznościom, bliskim mi ludziom i moim duchom opiekuńczym, z radością przekazuję niniejsze wydanie w Twoje ręce.

Autorka

Wstęp

Jedynie zdrowie daje Ci poczucie,

że właśnie teraz przeżywasz najlepsze dni w roku.

Franklin Adams

Witam Cię, drogi Czytelniku!

Ta książka powstała z miłości, pasji i determinacji.

Z miłości do Natury i Porządku.

Z pasji do kulinarnych eksperymentów i filozoficznych poszukiwań.

Z determinacji do walki o lepszą jakość w życiu swoim i najbliższych.

To, co tu przeczytasz, może być zgoła odmienne od tego, co już wiesz o odżywianiu – z mediów, modnych gazet, obiegowych opinii... Ba! Możesz być nawet zszokowany pewnymi informacjami i uznać je za niebotyczne herezje! Ale możesz też – i na to liczę – czytać bez uprzedzeń, z otwartą głową i ciekawością, aż poczujesz ekscytację, nie mogąc się doczekać, by przedstawioną tu wiedzę jak najszybciej wcielić w życie! Ta wiedza podniesie jakość nie tylko w Twojej kuchni, lecz także, a może przede wszystkim, w życiu. Bo „jaka kuchnia, takie życie" – jak głosi slogan pewnej firmy. I trudno się z tym nie zgodzić.

Zaskoczę Cię, ale to, o czym tu przeczytasz, to nic nowego. Nie będzie to też poradnik o kolejnych dietach cud. Przedstawię Ci proste zasady, które wymagają na początku pewnego wysiłku intelektualnego.

Trzeba je opanować pamięciowo. Musisz się też zaangażować – tak, jak we wszystko, w czym chcesz osiągnąć sukces. Ale zapewniam Cię, że to wspaniała przygoda i od Ciebie będzie zależało, jak szybko przekonasz się o efektach, zarówno „kosmetycznych", widocznych gołym okiem, jak i zdrowotnych, w sensie fizycznym i psychicznym. Wszak zdrowie to równowaga ciała i ducha.

Za podstawę tej książki przyjęłam odżywianie według Pięciu Przemian, ale w duchu tradycyjnej i współczesnej kuchni polskiej. Zasada Pięciu Przemian wywodzi się z Tradycyjnej Medycyny Chińskiej, w skrócie zwanej na całym świecie TCM *(Traditional Chinese Medicine).* Chińczycy to bardzo mądry i, jak się zdaje, zapobiegliwy naród. Około 5 tys. lat temu zaczęli systematycznie spisywać to, co dziś składa się na ich rodzimą filozofię i medycynę. Obserwując otaczający świat, zjawiska przyrodnicze, zachowania ludzkie, funkcjonowanie organizmów oraz współzależności między nimi, odkryli pewną powtarzalność zjawisk, cyklicznie zachodzące Przemiany... Odkryli istniejący we wszechświecie Porządek. Jego przejawem zaś jest dynamika sił Yin i Yang oraz Pięć Przemian, zwanych też Żywiołami. Według TCM nic nie istnieje samodzielnie, lecz jest integralną częścią całości. Dotyczy to, zarówno makrokosmosu, czyli świata i wszechświata, jak i mikrokosmosu, jakim jest ludzki organizm.

Wspaniałe jest to, że odkryte i opisane przez Chińczyków prawa Natury, które poznasz za chwilę, są uniwersalne, a zatem działają w każdym zakątku naszego globu, na każdy organizm żywy! Dotyczy to również zasad odżywiania – rozpoznali oni, że konkretny pokarm ma określoną naturę (temperaturę), a więc może działać ochładzająco, neutralnie lub rozgrzewająco oraz reprezentuje jeden z pięciu smaków. W ten sposób, odpowiednio dobierając składniki, nauczyli się tworzyć pełne harmonii, zrównoważone posiłki. I o harmonię właśnie chodzi – zarówno w życiu, jak i na talerzu, co – jak się dowiesz podczas dalszej lektury – jest w istocie tym samym.

Jednak my, Europejczycy, nie jesteśmy gorsi od Azjatów. Również posiadamy wielowiekową spuściznę w postaci traktatów na temat żywienia. Ich autorem jest sam „ojciec medycyny", Hipokrates. To do niego należą słowa: „Jedzenie powinno być lekarstwem, a lekarstwo jedzeniem". Mędrzec ten zaobserwował i opisał oddziaływanie poszczególnych grup pokarmów na organizm, a wymieniał spośród nich: chłodzące, obojętne i ogrzewające. Stosował on koncepcję „pięciu żywiołów". Podobnie zresztą jak Awicenna, czy Paracelsus. Jak widać, na naszym kontynencie istniało kiedyś zastosowanie wiedzy niemal identycznej z zasadami medycyny chińskiej! To tylko dowód na to, że jest to wiedza uniwersalna. Korzystam jednak z teorii mędrców Wschodu, ponieważ traktaty Hipokratesa, czy innych uczonych, w większości zniszczono, a przetrwały tylko pewne fragmenty, które są trudno dostępne.

Jak już wspomniałam, ta książka dotyczy odżywiania według Pięciu Przemian, ale w duchu naszych rodzimych tradycji. Musimy pamiętać i brać pod uwagę miejsce, w którym żyjemy. Filozofia TCM głosi, że jeśli człowiek sprzeciwia się prawom natury, to zginie, bowiem Natura jest od niego silniejsza. Jeśli żyjemy w kraju, gdzie pogoda zmienia się w zależności od pory roku, gdzie przyroda cyklicznie zmienia swą szatę, a dni chłodnych jest więcej niż gorących, to musimy uszanować to i poddać się owym zmianom. Musimy, jeśli nie chcemy zginąć... Dotyczy to przede wszystkim odpowiedniego ubierania i odżywiania, jak to czynili nasi przodkowie.

Chciałabym, drogi Czytelniku, abyś zrozumiał, jak ważny dla Twego zdrowia jest powrót do korzeni, do tradycji. Oczywiście nie dosłowny, nie całkowity, lecz oparty na mądrości i sporej dozie rozsądku. Uważam, że tylko wtedy, gdy wiemy skąd przybywamy, możemy jasno określić, kim jesteśmy i dokąd zmierzamy. Dlatego napisałam rozdział o kuchni staropolskiej. To wspaniała inspiracja dla nas, współczesnych, zabieganych i zestresowanych Polaków! Przekonasz się, że tradycje kuchni polskiej i odżywianie według Pięciu Przemian nie tylko się nie wykluczają, ale przeciwnie – świetnie się uzupełniają, nadając znanym już potrawom nowy posmak. To tryumfalny powrót do naszych źródeł, bo dla nas jako mieszkańców nadwiślańskiej krainy. To powrót do rytmów otaczającej przyrody. To także zachwyt nad aromatem świeżo ugotowanej, pożywnej zupy. To alchemiczny proces przemiany materii w energię!

Czytając moją książkę, zyskasz nowe spojrzenie, zarówno na żywność, jak i sam proces tworzenia potrawy (bo gotowanie twórczością jest i basta!). A jeżeli potraktujesz temat naprawdę poważnie, zechcesz pogłębić wiedzę w tej dziedzinie i zdecydujesz się na dyscyplinę w odżywianiu, to na pozytywne efekty nie będziesz musiał długo czekać! Wiedza, którą tu przekazałam, jest dosyć obszerna i na pozór skomplikowana, więc starałam się ją ująć w jak najbardziej przystępny i prosty sposób. Jednak przez cały czas tworzenia niniejszego przewodnika przyświecały mi słowa Alberta Einsteina: „Wszystko powinno zostać uproszczone tak bardzo, jak to tylko możliwe, ale nie bardziej".

Dlatego zalecam, aby przeczytać całą książkę co najmniej dwa razy. Gwarantuję Ci, drogi Czytelniku, że za każdym razem znajdziesz w niej i zrozumiesz coś nowego.

Zapraszam do lektury!

Monika Biblis

I. Cel jedzenia

Ciało jest głównym narzędziem osiągnięć.
Jeśli pojazd się psuje, podróżny nie może jechać dalej.

BKS Iyengar, „Joga"

Od początku istnienia naszej planety człowiek zajmował się zdobywaniem pożywienia. W czasach prehistorycznych było to prawdopodobnie główne lub jedno z podstawowych zajęć. Ludzie jedli, aby przeżyć. By żyć w zdrowiu i bezpieczeństwie, musieli respektować prawa Natury.

Jednak na przestrzeni wieków, wraz z postępem cywilizacyjnym i kulturowym, celem jedzenia przestało być wyłącznie podtrzymanie funkcji życiowych. Człowiek nauczył się, jak dogadzać swemu podniebieniu tak, aby nie tylko należycie zaspokoić głód, ale mieć jeszcze z tego sporą przyjemność! Ludzie poznali, co znaczy „żyć, aby jeść". Kuchnia stawała się coraz bardziej wyrafinowana, rodziły się i utrwalały tradycje żywieniowe.

Niestety, w dzisiejszych zwariowanych czasach tradycje kulinarne ulegają powolnej degradacji na rzecz coraz bardziej powszechnych fast foodów, mrożonek i produktów chemicznie konserwowanych. Wydaje nam się, że jesteśmy panami Przyrody, że jesteśmy ponad nią. Że to ciało ma słuchać nas, a nie odwrotnie. W celu zaspokojenia głodu szybko przygotowujemy mniej lub bardziej przetworzoną żywności, najlepiej w szybko podgrzewającej je mikrofalówce, następnie równie szybko napełniamy żołądek i... gotowe! Nie zawracamy sobie głowy uważnym doprawieniem potraw ziołami, tym bardziej, że gotowa żywność zawiera dużo soli, cukru i tłuszczu, a te, jak wiadomo, są nośnikami smaku. Więc jeśli jest szybko i dość smacznie, to czegóż chcieć więcej?! Jemy więc byle co, ulegając agresywnym reklamom w telewizji i kolorowym opakowaniom w supermarketach. Wydaje nam się, że żołądek wszystko przyjmie i strawi, a wątroba też jakoś sobie poradzi. A jeśli nie? Żaden problem – są przecież tabletki!

I tak wpadliśmy w błędne koło zatruwania siebie i, niestety, swoich dzieci. A ofiar chorób cywilizacyjnych, m.in. wszelkich alergii, wciąż przybywa... „Cokolwiek było matką choroby, złe odżywianie było na pewno jej ojcem" – głosi mądre chińskie przysłowie.

Co zatem możemy zrobić? Na początek uszanować nasze ciało i przestać traktować żołądek jak pojemnik na odpadki i śmieci. Następnie, od nowa nauczyć się, jak słuchać sygnałów wysyłanych przez organizm i dawać to, czego mu trzeba. Żołądek i śledziona, spełniając podstawowe funkcje trawienne, są najbardziej wrażliwe na uszkodzenia spowodowane spożywaniem nieodpowiednich pokarmów. Musisz wiedzieć, że każdy organizm ma wbudowany cudowny, samoregulujący się mechanizm. Jedyne, co powinniśmy robić, to umieć go czasem – jeśli jest taka konieczność – podregulować. To zupełnie tak, jak dokręcenie przez doświadczonego mechanika tej właściwej śrubki. Niestety, większość z nas nie ma pojęcia o własnym cielesnym mechanizmie i gdy tylko coś się „psuje", rozkręca na oślep wszystko, co się da, psując go jeszcze bardziej! A wykwalifikowanych „mechaników" jak na lekarstwo...

Dwadzieścia lat, na przestrzeni których mniej lub bardziej świadomie przetestowałam na sobie wiele diet i wdrożyłam kilka systemów żywieniowych, zaowocowało następującymi refleksjami: jedzenie powinno dawać energię, siłę, witalność i urodę ciała, wzmacniać, poprawiać samopoczucie psychofizyczne, a w razie utraty zdrowia – powinno leczyć, wzmacniać, harmonizować.

Celem pożywienia jest, według mnie, po prostu dążenie do harmonii, odnawianie energii życiowej dzień po dniu. Medycyna chińska owe refleksje potwierdza. Siłę i witalność, czyli energię życiową, określa się w TCM mianem CHI (czytaj: czi). Napisano już wiele tekstów o tym, jak owo Chi uzyskiwać, wykorzystywać dla własnego dobra i utrzymać je na wysokim poziomie. Chi uzyskujemy z trzech źródeł:

- dziedziczymy w genach,
- pobieramy z powietrza,
- pobieramy z jedzenia.

I o tym trzecim sposobie będę opowiadać w niniejszej publikacji. Dowiesz się, że jedzenie według Pięciu Przemian to cudowny i prosty sposób na regulowanie funkcji skomplikowanego mechanizmu, jakim jest Twoje ciało. Pożywienie to Twoje narzędzie, najłatwiej dostępne i skuteczne, lecz musisz uzbroić się w cierpliwość. To, co jest proste i naturalne, zwykle wymaga więcej czasu i dbałości, ale też daje później długotrwałe efekty. Tak, jak roślinę trzeba pielęgnować przez lata, tak i nasze ciało, będące częścią Przyrody, by rozkwitało, wymaga troski i systematycznych działań. Tak jest też z Miłością. Tak jest po prostu z Życiem.

* * *

Jak zaczęła się moja przygoda ze sposobem żywienia, który chcę Ci przedstawić? W wieku 15 lat zostałam wegetarianką, której bardzo leżało na sercu dobro zwierząt i... odchudzenie swego, jak mi się wtedy wydawało, zbyt pulchnego ciała. Do zmiany diety doszedł sport, który towarzyszy mi do dziś w różnych formach. Potem zamieniło się to w bardziej fanatyczne podejście: liczyłam każdą kalorię, znając na pamięć wszystkie mądre tabelki, a każdego chciałam zmienić w wegetarianina. Nawiasem mówiąc, kilkanaście osób udało się... Moja dieta stała się też w pewnym momencie niebezpieczna dla zdrowia, bowiem w tak młodym wieku wyeliminowałam niepotrzebnie zbyt wiele składników, a przy tym bardzo dużo ćwiczyłam. Na szczęście szybko przyszło opamiętanie, gdy pewnego dnia dostałam silnych zawrotów głowy i omal nie zasłabłam... Ale na błędach człowiek się uczy, a ja, proszę mi wierzyć, popełniłam ich całe mnóstwo! Lecz nie jest niewłaściwym błądzenie, lecz niechęć do uczenia się na własnych błędach. Mnie na szczęście pokora w uczeniu się, pęd do rozwoju i odkrywania, nigdy nie opuściły.

Miałam 17 lat. Byłam już od dwóch lat zagorzałą wegetarianką, praktykującą równie zagorzale jogę, techniki medytacyjne i inne, równie rozwojowe zajęcia. Wtedy przypadkiem, choć nie wierzę w przypadki, wpadła mi w ręce książka, z której dowiedziałam się o medycynie i filozofii chińskiej i o gotowaniu w pięciu smakach. Natychmiast poczułam, że to coś dla mnie. A że jestem w gorącej wodzie kąpana i czego się dowiem, natychmiast muszę doświadczyć na własnej skórze, od razu wypróbowałam nową wiedzę w praktyce. Gotowanie w ten sposób szybko weszło mi w krew, bo było proste. Potem przeczytałam o makrobiotyce, która okazała się wspaniałą, inspirującą ścieżką rozwoju i jest nią do dziś. Warto tu dodać, że makrobiotyka powstała na bazie filozofii chińskiej, ale jest bardziej ograniczona, gdyż nie uwzględnia Pięciu Elementów, uznając jedynie naturę pokarmu Yin lub Yang. Natomiast stosowane w makrobiotyce techniki mające na celu zwiększenie przyswajalności białka roślinnego są bardzo godne polecenia, szczególnie dla wegetarian i osób jedzących mało mięsa.

Zanim jednak na dobre wprowadziłam do swej kuchni Pięć Przemian, testowałam wiele diet i systemów odżywiania: od liczenia kalorii, kontrolowania zawartości tłuszczu, białek i węglowodanów, poprzez głodówki, diety oczyszczające, „dietę życia" (M. Błaszczyszyn), dietę 1000 kalorii, różne odmiany wegetarianizmu (weganizm, frutarianizm, laktoowowegetarianizm), ajurwedę, makrobiotykę, i inne, których już nawet nie pamiętam.

Po ukończeniu liceum plastycznego, entuzjastycznie rozpoczęłam naukę w Studium Edukacji Ekologicznej we Wrocławiu. Tam znacznie pogłębiłam swą wiedzę o Pięciu Przemianach, makrobiotyce i fitotronice (ziołach) i już wiedziałam, że to na pewno TO! Zdyscyplinowałam się w żywieniu, podkręciłam aktywność fizyczną (joga, tai-chi, siłownia) i rezultaty były wspaniałe: piękna cera, efekt chudnięcia, znakomita przemiana materii (z czym wiele lat miałam problem, obok lekkich tendencji do tycia).

Jednak człowiek jest tylko człowiekiem... Po ośmiu latach wegetarianizmu wróciłam do jedzenia mięsa, co na tamten czas było słusznym krokiem, szczególnie zważywszy na moją „mięsożerną" grupę krwi 0. Ale stało się coś jeszcze – zaczęłam palić papierosy, tak dla eksperymentu, bo lubię doświadczać na własnej skórze. Potem doszedł imprezowy styl życia. Ćwiczenia zamieniłam na tańce w dyskotece. Chyba nie muszę pisać, że dyscyplina żywieniowa poszła w kąt, choć nadal, jeśli już stanęłam przy garnku, stosowałam pięć smaków w przykładnej kolejności. Rzadko jednak gotowałam, bo jadanie na mieście, u rodziców, czy z paczką znajomych i to o różnych porach dnia i nocy, było bardziej interesujące dla żywiołowej dwudziestoparolatki. Beztroska trwała około trzech lat. Jej efektem były m.in. białe, łuszczące się skorupki na łokciach, nie dające się niczym usunąć. Cera natomiast stała się bardziej ziemista, a ciała przybyło.

Potem wyszłam za mąż, urodziły się dzieci i to głównie dzięki nim wróciłam do dyscypliny w jedzeniu. Jako mama poczułam, że chcę dawać dobry przykład i dbać o zdrowie swoje oraz rodziny. Robiłam to jednak z zupełnie inną świadomością, niż przed laty. Odkryłam wiele nowych, fascynujących zależności między moim ciałem, pożywieniem i emocjami, między mną a kosmosem. Kiedy przeszłam na jedzenie w 70-80% gotowane, dobrze przyprawione i zrównoważone pięcioma smakami, efekty przeszły moje najśmielsze oczekiwania! Zniknęły białe, łuszczące się łokcie, cera wygładziła się i nabrała pięknego „opalonego" koloru (cudowna marchewka!), w znacznym stopniu zniknął cellulit i sporo tkanki tłuszczowej.

I jeszcze jedno: po miesiącu dyscypliny przestały mi smakować papierosy, aż w końcu po dwóch miesiącach całkiem przestałam palić! A to wszystko bez użycia grama tzw. silnej woli. Pozbyłam się przyzwyczajenia do palenia bezboleśnie (bo nałogiem nie stało się to nigdy), dzięki dogrzaniu, doenergetyzowaniu narządów ciepłym jedzeniem. Co więcej, nie odczuwałam chęci do palenia nawet przy dobrym czerwonym winie – a do tej pory było dla mnie niemal niemożliwe, by na taki zestaw się nie skusić. Oczywiście nie ustrzegłam się błędów. Ale to właśnie w ich popełnianiu jest cudowne: zbliżają nas do mistrzostwa – jeśli tylko się na nich uczymy! Ktoś kiedyś rzekł, że „specjalista to ten, kto w danej dziedzinie popełnił wszystkie możliwe błędy". To absolutna prawda! Uczymy się tylko dzięki porażkom, a nie dzięki sukcesom. Nie ma innej możliwości.

Nie ominęły mnie też problemy ze zdrowiem dzieci, szczególnie córki. W „Kuchni Pięciu Przemian dla dzieci zdrowych i alergicznych" opisałam historię Małgosi, która niemal od urodzenia cierpiała na silne atopowe zapalanie skóry i którą to chorobę sama, w ciągu kilku niełatwych lat, przepędziłam, stosując dyscyplinę żywieniową u niej i u siebie, karmiąc piersią przez rok. Książkę, którą teraz czytasz zaczęłam pisać właśnie wtedy, gdy zobaczyłam pierwsze spektakularne efekty leczenia Pięcioma Przemianami i kiedy zrodziła się we mnie potrzeba podzielenia wiedzą o tej kuchni. Lekarze nie dawali mi szans na to, by z tak ciężkiej choroby wyleczyć dziecko bez sterydów i antybiotyków, a jednak wiara, niezłomność i konsekwencja przyniosły rezultaty, w które od początku wierzyłam. Małgosia, dziś sześciolatka, ma piękną i gładką skórę, czasem tylko pojawia się lekki świąd w kilku miejscach (zwykle jest to efekt zjedzenia kupnych słodyczy), ale jest to nic w porównaniu z sączącymi się ranami ropnymi, rozdrapywanymi do krwi, które widoczne były pięć lat temu na niemal całym ciele.

U syna, dziewięcioletniego Wojtka, poważniejszych chorób nie było, ale ma on tendencje do zaśluzowania organizmu, który objawia się czasem bólem w okolicach uszu. Dzieje się tak wówczas, gdy przez pewien czas, szczególnie w chłodne miesiące, zjada za dużo zimnego nabiału lub łakoci. Wie jednak, dzięki naszym rozmowom i moim objaśnieniom, czym to jest spowodowane i w dużym stopniu sam potrafi pilnować swoich wyborów kulinarnych. Nie chronię swoich dzieci niewidzialnym kloszem, pozwalam im doświadczać skutków jedzenia różnych produktów, choć nie jest to dla mnie łatwe. Łatwiej byłoby całkiem coś im narzucić, dietę czy sposób zachowania, ale wtedy niczego się nauczą, niczego nie zrozumieją. I niczego też nie nauczę się ja – mama, kobieta, człowiek.

I za to jestem wdzięczna moim pociechom – dzięki ich obecności, wrażliwości i autentyczności w porę dostrzegłam swe niedociągnięcia w dziedzinie odżywiania (i nie tylko), umacniając się w przekonaniu, że wybrałam dobrą drogę. Ta droga to Tao, Porządek. I wciąż po niej wytrwale kroczę z pewnością i spokojem. Nadal popełniając błędy, ale ucząc się coraz więcej, czasem dosłownie z dnia na dzień. A nauka ta nie skończy się nigdy.

Życzę Ci, miły Czytelniku, owocnych poszukiwań kulinarno-filozoficznych oraz Zdrowia, które właśnie masz szansę samodzielnie kreować.

II. Cudze chwalicie, swego nie znacie

... czyli historia kuchni staropolskiej

W kociołkach bigos grzano. W słowach wydać trudno
Bigosu smak przedziwny, kolor i woń cudną...
Adam Mickiewicz „Pan Tadeusz"

Ten rozdział powstał po to, by zainspirować Ciebie, polskiego Czytelnika, i przypomnieć skąd pochodzisz oraz jak silna tradycja, budowana przez setki pokoleń, stoi za Tobą.

Kuchnia staropolska rozwinęła się na bazie kuchni dawnych Słowian. Niewiele wiadomo o tych najodleglejszych w czasie, najstarszych tradycjach żywieniowych. Przekazywano je zazwyczaj ustnie, więc w znacznej części zginęły bezpowrotnie. Pierwsza znana kronika napisana została dopiero w średniowieczu przez mnicha, zwanego Gallem Anonimem. Polska kraina widziana jego oczami była miejscem, gdzie „rola żyzna, lasy miodopłynne, wody rybne, krowy mleczne". Dzięki artefaktom archeologicznym wiemy, że na ziemiach polskich pierwotnym sposobem zdobywania pożywienia było zbieractwo i łowiectwo, a następnie rolnictwo i hodowla zwierząt. W spiżarni staropolskiej można było znaleźć: różne gatunki kasz, mąkę pszenną i żytnią, groch, bób, olej konopny, grzyby suszone i kiszone, mięso wieprzowe i wołowe – solone i wędzone, dziczyznę, wędliny, słoninę, sery, masło, jaja, miód pszczeli do słodzenia i miód pitny sycony, piwo w drewnianych beczułkach. Z jarzyn, które jadano w dużych ilościach wymienić należy: cebulę, czosnek, marchew, kapustę, ogórki – świeże i kiszone, rzepę, pietruszkę, chrzan, buraki. Owoce jedzone były tylko sezonowo, zarówno świeże, jak i pieczone. Należały od nich: jabłka, wiśnie, czereśnie, śliwki, a w późniejszych wiekach gruszki. Potrawy doprawiano głównie solą, kminkiem, koprem, gorczycą i innymi ziołami.

Jednak szczególne miejsce od zawsze zajmował chleb. Na długo przed chrześcijaństwem odgrywał ważną rolę w pogańskich obrzędach religijnych Słowian. Jeśli upadł na ziemię, podnoszono go, całując. Zaś przed rozpoczęciem nowego bochenka, znaczono go znakiem krzyża. Nawiasem mówiąc, wiele osób ze starszego pokolenia czyni tak do dziś, jednak ten piękny zwyczaj zanika. W staropolskiej kuchni wypiekano różne rodzaje chleba na liściach chrzanu i kapusty. Podstawą do jego wyrobu była oczywiście pszenica, a potem żyto. Poza nimi na ziemiach polskich wysiewano jęczmień i proso.

Ziemniaki, bez których dziś nie wyobrażamy sobie obiadu, pojawiły się dużo później, bo w XVIII wieku. Wcześniej królowały kasze. Robiono z nich gęste, pożywne zupy, wypiekano i prażono w piecu, jadano z mlekiem, kraszono słoniną, masłem, olejem i serem, przyprawiano grzybami i śliwkami, podawano do mięs i suto polewano sosami.

Na naszych ziemiach od zawsze spożywano mięso. Były to różne rodzaje dziczyzny: żubry, łosie, niedźwiedzie, dziki, jelenie, zające oraz kaczki, kuropatwy, przepiórki. Potem zaczęto hodować bydło rogate, owce i drób. Chów bydła sprzyjał zaś zwiększonej produkcji przetworów mlecznych. Pito mleko słodkie i kwaszone oraz jedzono sery (twarogi). Wraz z rozpowszechnieniem chrześcijaństwa, które ściśle wiązało się z dłuższymi niż obecnie okresami postu, wzrosło znaczenie połowu i spożycia ryb. Ryby były wędzone i konserwowane w soli.

Średniowiecze wzbogaciło polską kuchnię o drogie, sprowadzane zza granicy, przyprawy korzenne, które już w niej na dobre pozostały: pieprz, imbir, goździki, kardamon, cynamon, gałka muszkatołowa, szafran oraz rodzynki i migdały. Pojawił się też cukier. Można było nabyć go, jak również inne wyroby cukiernicze, tylko w aptece. Był to jednak produkt luksusowy, dostępny dla najbardziej majętnych, przechowywany w zamykanych na klucz cukiernicach. Uboższym nadal pozostawało słodzenie miodem pszczelim.

XVI wiek to podwójny mariaż kuchni polskiej z włoską i francuską. Używano coraz więcej jarzyn, a to za sprawą królowej Bony, przybyłej z Włoch (stąd określenie popularnego zestawu: „włoszczyzna"). Do asortymentu warzywnego dołączyły: seler, por, sałata, szparagi i karczochy. Zaś polskie pieczywo było wtedy tak urozmaicone, że w samym Krakowie wypiekano aż dziewięć rodzajów chleba. Do najpopularniejszych potraw należały wszelkiego rodzaju kluski i pierogi, zajadano się mięsiwem, wędlinami, kiełbasami, rybami, popijano zaś piwem i miodem syconym. Wino było rzadkim rarytasem. Zauważyć też można coraz większe wpływy kuchni litewskiej. Stąd obecność znanych i lubianych do dziś flaczków, a także kołdunów.

Wiek XVII to czas wielkiej obfitości w staropolskiej kuchni szlacheckiej. Jeśli na co dzień jadano z suto zastawionych stołów, to nic nie mogło przebić wystawnych uczt! (uprzedzam, aby szanowny Czytelnik powstrzymał się od czytania poniższego tekstu, jeśli ma pusty żołądek):

> „Na początku serwowano lżejsze dania – wędliny, zapiekane we francuskim cieście warzywa i mięso. Po nich następowało pieczyste, często podawane w postaci tak zwanej piramidy. Była to ogromna misa, której jeden służący nie był w stanie udźwignąć. Ułożone na nich pieczone mięsiwa i ptactwo tworzyły prawdziwą, zwężającą się ku górze piramidę. Na dnie spoczywały pieczenie z wołu, na nich pieczone ćwiartki cielęciny. Wyżej pieczona baranina. Następnie zaczynało się pieczone ptactwo, również z zachowaniem kolejności od największych do najmniejszych: indyki, gęsi, kapłony, kurczęta, kuropatwy, bekasy. Ucztę wieńczyły wymyślne desery składające się z konfitur, delikatnych w smaku ciast i rozmaitych

owoców. Ze słodyczy wytrawni cukiernicy układali przez środek stołu całe sceny rodzajowe"[1].

W XVII wieku pojawiła się też pierwsza, od początku do końca napisana po polsku, książka kucharska zatytułowana: „Compendium ferculorum albo zebranie potraw". Jej autorem był ówczesny propagator polskiej sztuki kulinarnej, Stanisław Czerniecki, kuchmistrz hrabiego Lubomirskiego. W owej księdze znajdujemy nie tylko ówczesne przepisy, ale i ogólne instrukcje dotyczące zachowania i wyglądu kucharza:

„Powinność Kuchmistrzowska:

I. Kuchmistrzowi należy myśleć o wygodzie wszystkim Gościom i domowym, w potrawach, z ukontentowaniem, starając się o to, żeby żaden, pod czas dobrej myśli Pana nie turbował, albo po wesołej myśli, cholerycznego nie dodał humoru.

II. Temusz należy, potrawy wszytkie akkomodować kucharzom, y one ze spiżarnie wydać do kuchnie, wiedzieć co który kucharz gotować będzie, y co mu do potraw wydać, y tako wiele: umieć zaprawować; kosztować; a którego kondymentu nie dostawa, dodać, albo zbytny temperować, miarę, smakiem a niezbytecznie zaprawić korzeniem; akkomodować się naprzód smakowi Pana swego, który smak, kuchmistrz ma rozumieć, znać, na gościach się też znać, którym do smaku zaprawy akkomodować. Miejsce bankietu znać, y czas, ieżeli w zimie, albo lecie; na wiosnę, albo iesień, naprzykład: posłów francuskich - francuskiemi, niemieckich, niemieckiemi, włoskich, włoskimi, polskich polskimi nasycać potrawami, a tam, gdzie potayziów i albo zup, nie znają, polskimi, szafrannemi, pieprznemi cieszyć potrawami".

---

[1] Henryk Dębski, „Współczesna kuchnia polska", wyd. II, wyd. Interpress, Warszawa 1985.

A oto przepis, pochodzący z książki kuchmistrza Czernieckiego. Wspaniała inspiracja, a jakaż przyjemność czytania! Sposób polskiego rosołu gotowania taki:

> „Weź materyję mięsną / wołową abo cielęcą / jarząbka/ albo kuropatwe/ gołembie / y cokolwiek mięsnego jest, co bydź może do rosołu gotowane y zwierzyny wszytkie wymocz wysol pięknie i ułóż w garnku, ociagniy. Ten zaś rosół, w którymeś ociągał, kiedy się podstoi, przecedź przez sito i wlej w tę meteryją mięsną, włóż pietruszki, masła, przysol, odszymuj, a gdy dowiera, daj gorąco na stół.
>
> Trzeba też wiedzieć, że na każdy rosół włożyć co potrzeba, żeby wodą albo wiatrem nie śmierdział, to jest pietruszki albo kopru, cebule albo czosnku, kwiatu muszkatowego, albo rozmarynu, albo całkiem pieprzu, według smaku albo upodobania. Limonia też y rozmaryn żadnego nie oszpeci rosołu".

Jak wspomniałam wcześniej, XVIII wiek wzbogacił polskie stoły o ziemniaki, które nauczono się wówczas uprawiać, i których zwolennikami jesteśmy po dziś dzień. I po dziś dzień nasza kuchnia obfituje w całe bogactwo warzyw, mięsiwa i wyrobów mącznych, którymi przed wiekami raczyli się nasi przodkowie. Być może obecnie mniej popularna jest dziczyzna, czy pitne miody, lecz któż z nas może się dziś obejść bez poczciwej cebuli, marchewki, mięsa czy chleba? Wbrew pozorom niewiele zmieniło się nasze jadło. Zmieniły się tylko czasy i sposoby na obróbkę owego jadła.

Mam nadzieję, że ten rozdział przekonał Cię, iż warto kontynuować nasze wspaniałe, polskie tradycje kulinarne. Mamy tak bogaty asortyment rodzimych specjałów, że nic, tylko... gotować, gotować, gotować!

A jak ugotować, żeby było i zdrowo, i smacznie, i „po naszemu"? Dowiesz się, czytając dalej. Najpierw jednak zwróćmy swe oczy na Wschód i zaczerpnijmy teraz inspiracji stamtąd…

III. Pochwalmy też cudze

... czyli filozofia i medycyna chińska

Tao, które można wyrazić słowami nie jest prawdziwym Tao.
„Tao Te King" (Księga drogi cnoty), Lao-Tse

Wszystko, co istnieje we wszechświecie to przejaw Tao. Tao to jedność, bo wszystko jest Jednym. Tao to Porządek, ponieważ wszystko ma swoją kolej, przyczyna prowadzi do skutku, akcja wywołuje reakcję. Z Tao pochodzi wszystko, to prapoczątek – a zatem nic nie istnieje bez Tao. Przejawem Tao jest pięć następujących po sobie Przemian oraz współgrające ze sobą siły Yin i Yang. Teoria dotycząca tych pojęć rozwinęła się ok. IV w. p.n.e. i często bywa nazywana „teorią wzajemnych wpływów między materią a człowiekiem".

Pięć Przemian

Wszystko, co odczuwalne zmysłami jest zmienne,
a przez to w ciągłym ruchu (...)
Cykle zmian ze sobą splecione (...)
Nie można rozkazywać wiatrom, wstrzymać fal,
ale można nauczyć się omijać mielizny,
żyć w harmonii z ogólnymi procesami przemian
– i w ten sposób uciszać życiowe burze
John Blofeld „I Ching"

Życie to ciąg zmian. Można by rzec, że to jedna Wielka Zmiana. Przecież, jak mawiał Heraklit z Efezu, wszystko płynie. A zatem: wszystko się zmienia, nic nie stoi w miejscu, a jedyną stałą zasadą jest zasada zmiany właśnie... Filozofia i medycyna chińska wyróżnia pięć istniejących we wszechświecie, następujących po sobie Przemian:

- Drzewo
- Ogień
- Ziemia
- Metal
- Woda

Zwane też są Pięcioma Elementami, Ruchami, Żywiołami, Fazami, Smakami itd. Są ściśle związane z cyklem rodzenia się i umierania, zarówno na poziomie makrokosmosu (poza nami), jak i mikrokosmosu (w nas).

Na poziomie makrokosmosu odpowiadają pięciu ziemskim klimatom, porom roku, kolorom, kształtom, smakom itd. Feng Shui to przecież nic innego jak sztuka takiego zawiadywania owymi Pięcioma Elementami w przestrzeni (mieszkaniu, domu), aby owa przestrzeń jak najlepiej nam służyła, a nawet - jak mawiają niektórzy - pracowała dla nas.

Poziom mikrokosmosu to życie człowieka, gdzie Pięć Przemian manifestuje się w jego fazach rozwoju (narodziny, młodość, wiek średni, starość, śmierć), pięciu zmysłach, cechach fizycznych i psychicznych, pięciu grupach narządów wewnętrznych itd.

Myślę, że trafnym będzie przyrównanie przestrzeni domu do przestrzeni w organizmie. Odżywianie wedle Pięciu Przemian to swoistego rodzaju Feng Shui ciała. To „zarządzanie" samym sobą, swym zdrowiem, przyjmowanym pokarmem i Pięcioma Elementami w taki sposób, by wewnętrzna przestrzeń ciała nam służyła, aby pracowała na nasze zdrowie.

I tu ważna refleksja. Nie jest możliwe oddzielenie mikrokosmosu od makrokosmosu. To naczynia połączone. „Jak na górze, tak na dole". Jeśli uświadomimy sobie sens przemian, otworzymy się na nie i w pełni zaakceptujemy prawa Natury, staniemy się spokojniejsi, zdrowsi, piękniejsi. A stanie się tak, ponieważ Natura jest od nas silniejsza. To przecież ona daje nam życie i ona może je unicestwić. Jeżeli postępujemy wbrew jej prawom, szybko odczuwamy negatywne skutki: chorujemy, starzejemy się i cierpimy - zarówno na ciele, jak i duszy, a w końcu schorowani umieramy. Jeśli jednak zaczynamy czerpać z sił Natury, dostosowując się do jej rytmu, bardzo szybko się wzmacniamy, zyskując zdrowe, silne ciało i jasność umysłu. Dlatego tak ważne jest, czym się otaczamy, czym się karmimy - w sensie kulinarnym, informacyjnym i duchowym.

Myślę, że świadoma decyzja, by wieść życie w zgodzie z uniwersalnymi prawami Natury to jedyne, co nam pozostaje w dzisiejszym zwariowanym, przepełnionym bólem i konsumpcjonizmem, świecie. Tylko to może nas uratować, bo z Natury się wywodzimy.

Pięć Przemian to ciąg przyczynowo-skutkowy, w którym jeden element przemienia się w kolejny - stąd pochodzi nazwa „przemiana". Kolejność poszczególnych elementów ma więc znaczenie, co odzwierciedla się w kolejności smaków dodawanych przy tworzeniu potraw. W ten sposób tworzy się obieg karmiący, który wzmacnia, harmonizuje i daje energię.

Obieg karmiący

Która Przemiana spośród tych pięciu jest pierwsza? Cóż, nie ma pierwszej. Jedna przechodzi płynnie w drugą, ale biorąc pod uwagę naturę poszczególnych elementów, można przyznać pierwszeństwo Drzewu, symbolizującemu narodziny i początek. Obieg karmiący wygląda tak:

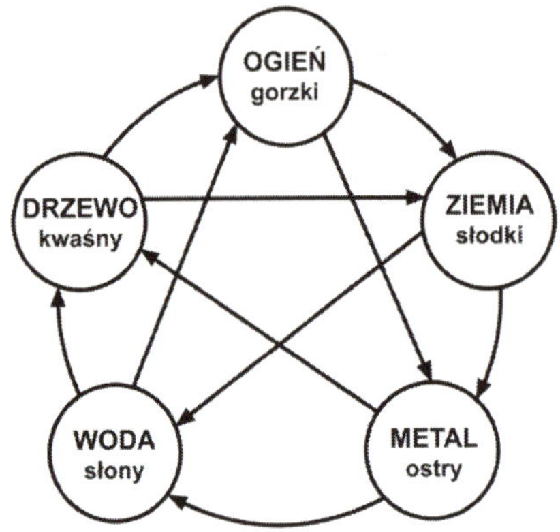

Drzewo jest budulcem dla rozpalenia Ognia, Ogień zmienia się w popiół, zasilając Ziemię, Ziemia zawiera w swym wnętrzu Metal, Metal wzbogaca minerałami Wodę, Woda daje życie Drzewu, i znów od początku.

Jedna Przemiana karmi kolejną, jest jej Matką, a karmiona - Dzieckiem. Ten proces nie ma końca, tak jak końca nie ma życie na naszej planecie.

Na powyższym obrazku Obieg Karmiący zaznaczono zewnętrznymi strzałkami. Zauważ, że energia biegnąca prawidłowo porusza się zgodnie z ruchem wskazówek zegara.

Jeśli odwrócimy kolejność (odwrotnie niż ruch wskazówek zegara), powstanie cykl niszczący: Drzewo zgnije w Wodzie, Woda spowoduje korozję Metalu, Metal zrani Ziemię, Ziemia zasypie Ogień, a Ogień spali Drzewo.

Obieg kontrolny

Drugi ważny obieg energetyczny to Obieg Kontrolny. Na powyższym rysunku symbolizują go strzałki wewnętrzne. Jeden element kontroluje, powstrzymuje nadmierne działanie innego (co drugiego) elementu.

W poprzednim schemacie Matka karmiła Dziecko, tutaj natomiast Babcia kontroluje lub powstrzymuje Wnuka, by ten nie dokonał zniszczeń. W ten sposób: Drzewo (powstrzymuje) rozsadza korzeniami Ziemię, Ziemia (powstrzymuje) zasypuje Wodę, Woda (powstrzymuje) gasi Ogień, Ogień (powstrzymuje) topi Metal, Metal (powstrzymuje) tnie Drzewo.

Ma to też zastosowanie w gotowaniu. Poszczególne smaki pilnują co drugiego, by była utrzymana harmonia potrawy i nie było w niej nadmiarów.

Przestudiuj tabelkę na następnej stronie i sprawdź, jak przejawia się Pięć Elementów w Twoim życiu, Twoim ciele i życiu wewnętrznym (psychologicznym). To naprawdę fascynujące, bo działa już tu i teraz! Nawiasem mówiąc, działało zawsze i – czy tego chcesz, czy nie – działać będzie nadal.

	DRZEWO	OGIEŃ	ZIEMIA	METAL	WODA
ROZWÓJ	narodziny	dojrzewanie	stabilizacja	starzenie	śmierć
PORA DNIA	poranek	południe	popołudnie	wieczór	noc
RUCHY	w dół, do środka	w dół, do środka	w górę, na zewnątrz	w górę, na zewnątrz	w dół, do środka
NARZĄDY PEŁNE (YIN)	wątroba	serce	śledziona (i trzustka)	płuca	nerki
NARZĄDY PUSTE (YANG)	woreczek żółciowy	jelito cienkie	żołądek	jelito grube	pęcherz moczowy
ZMYSŁY	wzrok	dotyk	smak	węch	słuch
ORGANY ZMYSŁÓW	oczy	język	usta	nos	uszy
WYDZIELINY	łzy	pot	ślina	flegma	mocz
TKANKI	wiązadła	tętnice	mięśnie	skóra, włosy na ciele	kości, włosy na głowie
EMOCJE	złość	radość	troska	smutek	strach
EKSPRESJA	krzyk	śmiech, gadatliwość	śpiew	płacz	jęk
SMAKI	kwaśny	gorzki	słodki	ostry	słony
ZAPACHY	zjełczały	przypalony	słodki, wonny	stęchły	zgniły
KLIMATY	wiatr	gorąco	wilgoć	suchość	zimno
PORY ROKU	wiosna	lato	dojo (późne lato)	jesień	zima
KIERUNKI	wschód	południe	środek	zachód	północ
ETAPY NAUKI	niewiedza	uczenie się	zapamiętywanie	doświadczanie	oświecenie, mądrość

Na pewno nie od razu przemówią do Ciebie wszystkie powyższe pojęcia i skróty myślowe, ale nie przejmuj się. Każda wiedza przychodzi wraz ze wzrostem świadomości i z czasem. A ziarnko wiedzy zostało właśnie w Tobie zasiane – jesteś więc na etapie Przemiany Drzewa (niewiedzy), na samym początku przygody.

Zasada Yin-Yang

Wszystko, co istnieje to połączenie dwóch przeciwstawnych sił: Yin i Yang. Razem stanowią kosmiczną równowagę. Prawo to odnosi się, zarówno do makrokosmosu, jak i do każdej istoty żywej – w tym człowieka (mikrokosmosu). Te dwie siły, zarówno zwalczają się, jak i uzupełniają, przyciągają i odpychają... Jedna nie istnieje bez drugiej, jak istnieć nie może awers bez rewersu, dzień bez nocy, dół bez góry. Są w ciągłym ruchu. Nadmiar Yin przechodzi w Yang, nadmiar Yang przechodzi w Yin. Przy czym nic w przyrodzie nie jest wyłącznie czystą energią Yang lub Yin, bowiem jedno zawsze zawiera w sobie choćby maleńką cząstkę drugiego, co obrazuje znany wszystkim ideogram:

Energia Yin oznaczana jest minusem (–), zaś Yang plusem (+).

Oto przykłady wyrażające te dwie siły:

YIN –	YANG +
ciemność	światło
żeńskie	męskie
materia	energia
ruch do wewnątrz	ruch na zewnątrz
zimne	gorące
księżyc	słońce
opadanie	wznoszenie
ciężkość	lekkość
powoli	szybko
skurcz	rozluźnienie
wydech	wdech
wilgotne	suche
miękkie	twarde
noc	dzień
ciało	duch

Poznałeś już podstawy filozofii. Teraz przekażę Ci, jak ta wiedza przekłada się na codzienne życie i gotowanie.

IV. Droga do zdrowia

... czyli kuchnia zrównoważona krok po kroku

Krok 1: Jaki to smak?

Pięć smaków

Oto niezmienna, absolutnie kardynalna zasada: Smaków jest pięć i mają one swą stałą kolejność. Wynika to z przemian zachodzących w przyrodzie, o których już pisałam.

- Drzewo - smak kwaśny
- Ogień - smak gorzki
- Ziemia - smak słodki
- Metal - smak ostry
- Woda - smak słony

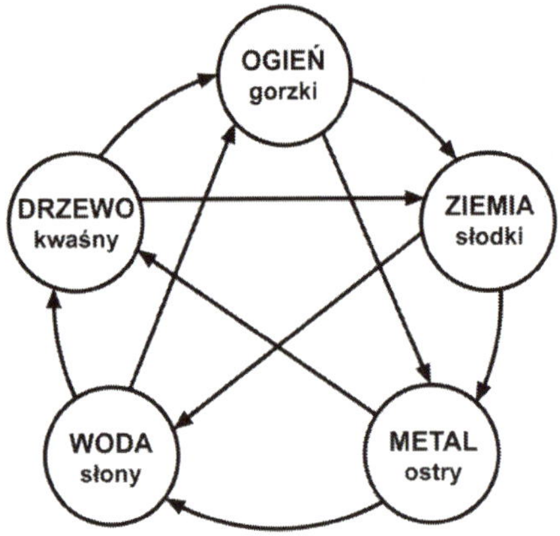

Poniżej przedstawiam zestawienie smaków, ich działanie i odpowiadające im produkty oraz narządy, z którymi są bezpośrednio związane.

Ważna jest też informacja o ruchu, który powoduje w ciele każdy ze smaków. Są dwie kategorie ruchu:

- ruch do wewnątrz i w dół (powoduje obkurczanie tkanek, uspokaja, działa moczopędnie lub pobudza parcie na stolec),
- smaki dla tego ruchu: kwaśny, gorzki i słony.

- ruch na zewnątrz i w górę (powoduje rozszerzanie, rozluźnia, podnosi energię i ciśnienie, prowokuje wymioty),
- smaki dla tego ruchu: słodki i ostry.

Wyróżniam jeszcze jeden podział smaków:

- suche: kwaśny, gorzki, ostry,
- wilgotne: słodki i słony.

Jak widzisz, smaków suchych jest więcej niż wilgotnych. Co to oznacza? Dla naszego zdrowia jest ważne, by w organizmie nie było warunków sprzyjających powstawaniu patologicznego śluzu, a co za tym idzie, grzybów, pleśni, pasożytów. Bytują one w środowisku, gdzie jest obecna wilgoć, a tę skutecznie przeganiają warzywa, zioła i specyfiki o smaku kwaśnym, gorzkim i ostrym. Jeśli chcesz skutecznie oczyścić organizm, musisz w pierwszej kolejności wyeliminować słodycze, nadmiar soli i ogółem nadmiar słodkich i słonych produktów (tu króluje fast food).

Smak kwaśny

- ściąga,
- zagęszcza,
- kurczy,
- ochładza,
- uspokaja.

Ruch w dół i do wewnątrz.

Bezpośrednie działanie na wątrobę i pęcherzyk żółciowy.

Działanie: Zatrzymuje płyny w organizmie, obniża pocenie się (np. kefir wypity w upalny dzień chroni przed udarem słonecznym). Smak ten jest bardzo potrzebny do prawidłowego funkcjonowania wątroby, ale w niewielkich ilościach – jako równoważnik pozostałych czterech Przemian. Tu należy wspomnieć o naszym dobru narodowym, jakim są kiszonki. Kisić można ogórki, kapustę, buraki, dynię, grzyby i inne warzywa. Zajadanie się nimi bez umiaru nie jest wskazane, bo kwaśny to smak zimny, ale regularne dodawanie ich do ciepłego obiadu, na tzw. drugie danie, wspaniale reguluje naszą przemianę materii, wspomaga oczyszczanie z pasożytów. Podczas kiszenia zachodzi fermentacja mlekowa, podczas której nie tylko produkty fermentowane zachowują swoje witaminy, ale i wzbogacają się o nowe. W Polsce mamy idealne warunki geograficzno-klimatyczne, by kiszonki robić samemu i raczyć się nimi kilka razy w tygodniu, w małych ilościach, przez cały rok.

Kwaśne zioła wskazane są przy chronicznej biegunce, długo trwającym krwawieniu menstruacyjnym, ale przez krótki czas, tylko doraźnie!

Nadmiar: Może spowodować biegunkę. Jednak przy zastoju spowodowanym przejedzeniem smakiem słodkim, smak kwaśny tylko ten zastój pogłębi. Kwaśny smak w ustach pojawia się przy zastoju wątrobowym. Zbyt częste i długotrwałe spożywanie tego smaku prowadzi do zakwaszenia i wychłodzenia organizmu, a w efekcie do wielu poważnych chorób.

Niedobór: wzdęcia, zaparcia, mdłości.

W potrawie: jest przeciwwagą dla mdłych, słodkich potraw, ułatwia przyswajanie żelaza (np. sok z cytryny).

Zioła i przyprawy: bazylia, suszona natka pietruszki, suszony koperek, melisa, hibiskus, ocet winny, liście maliny, liście jeżyny, ocet balsamiczny.

Mięso: kurczak, kaczka.

Warzywa: ogórek świeży, wszystkie kiszonki, marynaty, pomidor, szczaw, zarodki, kiełki, zielone części roślin, szczególnie natki (natka pietruszki, selera, marchwi itd.).

Owoce: jabłka, cytryny, agrest, porzeczki, truskawki, poziomki, mandarynki, pomarańcze, rabarbar, wiśnie.

Nabiał: jogurt, maślanka, kefir, kwaśne mleko, kwaśna śmietana, twaróg.

Zboża i produkty zbożowe: pszenica, mąka pszenna, kuskus, orkisz.

Napoje: białe wino, kwaśne soki, piwo pszeniczne, sok brzozowy.

Inne: drożdże.

- osusza,
- ściąga,
- oczyszcza.

Ruch w dół i do środka.

Smak gorzki działa bezpośrednio na: jelito cienkie i serce.

Działanie: Usuwa z organizmu nadmiar wilgoci (przeziębienie z katarem i kaszlem), neutralizuje nadmiar gorąca, łagodzi wilgotne zaparcia, obniża poziom Chi, usuwa substancje toksyczne. Oczyszcza z pasożytów, grzybów i pleśni.

Nadmiar: sucha skóra (zbyt dużo herbaty, kawy, papierosów).

Niedobór: gromadzenie się śluzu, wewnętrznej wilgoci.

W potrawie: „wyrównuje", wzbogaca smak potraw, szczególnie słodkich.

Zioła i przyprawy: rozmaryn, tymianek, kurkuma, majeranek, piołun, szałwia, mniszek lekarski, bylica, estragon, szafran, hyzop.

Gorzkie zioła poprawiają apetyt, hamują wymioty, osuszają nadmiar płynów gromadzących się w organizmie.

Mięso: baranina, jagnięcina, koźlina.

Warzywa: sałata, kapusta czerwona, botwina, cykoria, karczoch.

Owoce: grapefruit, czerwone winogrona, wędzone owoce.

Nabiał: ser kozi, ser owczy, mleko kozie, mleko owcze.

Zboża i produkty zbożowe: kasza gryczana, żyto, mąka żytnia.

Napoje: czarna herbata, zielona herbata, kawa naturalna, kawa zbożowa, kakao, gorąca i wrząca woda, piwo.

Smak słodki

- harmonizuje,
- tonizuje,
- wzmacnia,
- nawilża.

Ruch w górę i na zewnątrz.

Smak słodki działa bezpośrednio na żołądek i śledzionę z trzustką.

Działanie: Łagodzi skurcze i ból, rozluźnia, „uziemia", reguluje energię Chi. Jako że smak słodki to smak centralny (Ziemia to nasze Centrum), podstawowy, to słodkie zioła przywracają równowagę kilku układom: trawiennemu, oddechowemu, immunologicznemu i hormonalnemu (np. lukrecja, ale w zestawie z innymi ziołami).

Jest to smak najważniejszy, którym karmimy się tuż po narodzinach. W słodkim mleku matki jest wszystko, czego nam trzeba. Słodycz nas koi, wzmacnia, dodaje stabilności, ciężaru. Nasze ciało jest zaprogramowane na ten smak, ale mówimy tu o słodyczy naturalnej. Nie bez przyczyny podczas gotowania warzywa przechodzą w smak lub posmak słodkiego. Ogień wspiera Ziemię (Obieg Karmiący). Używając do obróbki ognia, zyskujemy słodycz. To taka mądrość Natury i nie zmienimy tego. Jednak kiedy sięgamy po słodycze przemysłowe, oszukujemy samych siebie i nasze ciało, któremu takich atrakcji wcale nie potrzeba. Jesteśmy mniej lub bardziej uzależnieni od słodyczy, od cukru. Uzależnienie od jedzenia wyrobów cukierniczych to obraz „zdołowanej" śledziony i trzustki. To słaba przemiana Ziemi w organizmie. A Ziemia to przecież nasza podstawa, nasze centrum dowodzenia, nasze zakorzenienie. Nadmiar cukru jest też źle tolerowany przez wątrobę. Biały cukier, jak i ten podrabiany brązowy, czyni szereg szkód w naszych narządach wewnętrznych, bo będąc substancją chemiczną, kradnie nam minerały i witaminy, żeby móc być strawionym. Do tego dochodzą polepszacze, konserwanty, spulchniacze, sztuczne aromaty i inne „cuda", które trafiają do naszych żołądków wraz z niewinnie wyglądającym batonikiem czy ciastkiem. Jeśli już trzeba nam słodyczy, warto zakasać rękawy i samodzielnie coś upiec. Wówczas nie tylko energia pożywienia jest inna, ale także skład i smak. Słodkie owoce, te świeże, gotowane, suszone i wędzone, orzechy, gotowane potrawy, owsianka z owocami i bakaliami – to jest to, co wzmacnia naszą Przemianę Ziemi. Słodkie w smaku są też duszeniny warzywno-mięsne, gęste zupy jarzynowe i jeśli dążymy do zrównoważenia, wzmocnienia organizmu, powinny one być codziennym gościem na naszym talerzu.

Nadmiar (szczególnie w postaci cukru i nabiału): mdłości, zastój, zaparcie, gromadzenie flegmy (śluzu), na dłuższą metę powoduje nadwagę, cellulit, problemy z krążeniem.

Niedobór (naturalnego słodkiego smaku): suche usta, sucha skóra, zajady w kącikach ust.

W potrawie: jest najważniejszym smakiem, bazą, niweluje nadmiar kwaśnego.

Zioła i przyprawy: lukrecja, kminek, papryka słodka, cynamon, siemię lniane, anyżek, koper włoski, lipa, rumianek, wanilia, sezam, biały żeńszeń, miód, melasa, syrop klonowy, olej, oliwa z oliwek, majonez, ksylitol, stewia.

Mięso: cielęcina, wołowina, królik, gęś, kura.

Ryby: słodkowodne.

Warzywa: ziemniaki, marchew, pietruszka (korzeń), groszek zielony, groch, pasternak, dynia, słodka papryka, buraki, szpinak, pieczarki, szparagi, patisony, duszona/gotowana cebula.

Owoce: banany, gruszki, czereśnie, morele, słodkie jabłka, daktyle, arbuz, ananas, pistacje, figi, brzoskwinie.

Nabiał: żółty ser, mleko, masło, słodka śmietana.

Napoje: słodzone napoje.

Zboża i produkty zbożowe: kasza jaglana (proso), kaszka kukurydziana, mąka kukurydziana, mąka kasztanowa, wszystkie ciasta i ciastka.

Nasiona: słonecznik, orzechy laskowe, orzechy nerkowca, migdały, pestki dyni.

Grzyby: wszystkie.

Smak ostry

- otwiera,
- rozprasza,
- porusza,
- osusza.

Ruch w górę i na zewnątrz.

Smak ostry działa bezpośrednio na jelito grube i płuca oraz na skórę (jest traktowana jako „trzecie płuco" i jest obrazem kondycji jelit i płuc).

Działanie: Pobudza apetyt i metabolizm (przemianę materii), poprawia krążenie krwi i Chi, zwiększa wydzielanie potu. Podnosi energię i nastrój (rozprasza smutki), przynosi ulgę w bólach jelit (np. wódka z pieprzem). Wydala z organizmu toksyny poprzez płuca, jelito grube i skórę (stąd biorą się zmiany skórne).

Nadmiar: posmak metalu w ustach, suchość, pryszcze na twarzy.

Niedobór: zastój energii, wolna przemiana materii.

W potrawie: dodaje pikanterii, likwiduje mdły smak, neutralizuje negatywne działanie cukru w słodyczach (warto je posypywać np. imbirem), zwiększa Yang w potrawach chłodzących, niezbędny w kwaśnych potrawach.

Zioła i przyprawy: imbir, pieprze (czarny, zielony, biały, czerwony, Cayenne, ziołowy), chili, cząber, ziele angielskie, gałka, muszkatołowa, czarnuszka, kolendra, gorczyca, curry, oregano, mięta, goździki. Zioła w smaku ostrym znakomicie sprawdzają się w leczeniu przeziębień (np. imbir).

Mięso: indyk, przepiórka, dzik, jeleń, bażant, zając, ogółem: dziczyzna.

Warzywa: cebula, czosnek, por, fenkuł (bulwa kopru włoskiego), biała kapusta, kapusta pekińska, kapusta włoska, ostra papryka, szczypiorek, chrzan, kalafior, kalarepa, brokuły, czarna rzepa, rzodkiewka, rzodkiew, seler.

Zboża i produkty zbożowe: ryż, owies, płatki ryżowe, płatki owsiane głównie.

Owoce: suszone (ale generalnie rodzynki i inne słodkie suszone owoce zwykle traktujemy jako słodkie i nie jest to błędem; idąc na kompromis możemy uznać suszone owoce za słodko-ostre).

Napoje: alkohole (oprócz piwa): wódka, koniak, whisky, wino ryżowe, herbata imbirowa, herbata miętowa, napój imbirowy.

Smak słony

- zmiękcza,
- ściąga,
- nawilża.

Ruch w dół i do środka.

Smak słony działa bezpośrednio na nerki i pęcherz moczowy.

Działanie: Utrzymuje odpowiedni poziom nawodnienia w tkankach, nawilża, oczyszcza i udrożnia jelita w przypadku suchych zaparć. Sól jest bardzo potrzebnym składnikiem odżywiania na co dzień. Nie polecam jednak zwykłej soli warzonej, często jodowanej, lecz naturalną: morską lub kamienną, szarą i białą. Jest mniej słona i zdrowa. Fasole i inne warzywa w tym smaku wspomagają pracę nerek i układu moczopłciowego.

Nadmiar: zatrzymuje wodę w tkankach, powoduje puchnięcie, zbyt częste oddawanie moczu (nadmierne solenie, picie wody mineralnej), jest podłożem do tworzenia się wilgoci patologicznej, a więc pasożytów i grzybów. Unikajmy gotowej żywności wysoko przetworzonej, wędlin, fast foodów - zawsze zawierają nadmiar soli!

Niedobór: odwodnienie (przy jednoczesnym jałowym jedzeniu, np. dieta bezsolna i brak przypraw).

W potrawie: obok smaku słodkiego wybitnie podnosi smak ogólny, jest jego nośnikiem.

Zioła i przyprawy: algi, sól, Vegeta (niezbyt polecana), sól emska.

Zioła w słonym smaku zmiękczają stwardnienia, guzy i zrosty. Stosuje się je w przypadku owrzodzeń, torbieli i rozroście tkanki łącznej. W przypadku ostrego, suchego kaszlu pomaga kilkukrotne podanie soli emskiej.

Mięso: wieprzowina, gołąb, raki, żaby, ostrygi, kraby, krewetki i inne owoce morza.

Warzywa: fasola (czerwona, biała, czarna), soja.

Ryby: morskie (słonowodne).

Nabiał: sery pleśniowe.

Napoje: zimna woda.

Grzyby: wszystkie.

Podsumowanie

Smaki kwaśny, słony i gorzki:

obniżają Chi, powodują ściąganie energii do wnętrza ciała.

Smaki słodki i ostry:

podnoszą Chi, rozpraszają energię na zewnątrz.

Przykład:

Jeśli jemy ostre potrawy, używamy ostrych przypraw, na skórze często pojawiają się pryszcze. To samo dzieje się przy nadmiernym spożywaniu słodyczy. Wydaje nam się to czymś złym, a to tylko oczyszczanie organizmu, który uwalnia toksyny na zewnątrz, co według medycyny chińskiej jest dobrym objawem. Natomiast jeśli robimy kurację z drożdży (smak kwaśny), skóra staje się gładka, ponieważ toksyny zostają wciągnięte do środka - zgodnie z kurczącym, dośrodkowym działaniem smaku kwaśnego.

Wniosek narzuca się sam: aby utrzymać zdrowie, należy używać wszystkich pięciu smaków w taki sposób, aby siły działające wewnątrz organizmu były w równowadze.

Smak końcowy

Zwracamy uwagę na ostatnio dodaną przyprawę. To, na jakim smaku kończymy, nie przesądza o naturze (ochładzającej, neutralnej lub rozgrzewającej) potrawy, ale energia zawarta w potrawie zostaje na krótko skierowana do narządów odpowiadających ostatniemu smakowi.

Przykład:

Jeśli kończymy na smaku ostrym, przesyłamy energię bezpośrednio do jelita grubego, a także do płuc. Jeśli ostatnio dodany był smak słodki, wpłynie on na żołądek, trzustkę i śledzionę.

Moja rada: Kończ gotowanie różnych potraw na różnych smakach, ponieważ energia musi krążyć, musi docierać wszędzie. Dobrze jest, by do potrawy o określonym smaku, dodać na końcu smak zupełnie inny, o innej naturze, np. zupę pomidorową (zawsze mniej lub bardziej kwaśnej) zakończ smakiem słodkim lub ostrym. Zmieniaj, eksperymentuj, sprawdzaj.

Równoważenie smaków

Kiedy smaki są w równowadze, kiedy potrawa jest harmonijnie dosmakowana, czujemy się na tyle nasyceni, że nie potrzeba nam nic więcej, a przemiana materii działa bez zarzutu. Natomiast ochota na coś jeszcze zaraz po posiłku ewidentnie oznacza, że potrawa była źle doprawiona, czegoś było za mało, a czegoś za dużo. Organizm domaga się równowagi, a my instynktownie próbujemy zrównoważyć dysharmonię dodatkowym smakiem.

Przykład:

Jeśli zjedliśmy zupę, która była zbyt mdła, słodkawa w smaku, najprawdopodobniej sięgniemy po coś kwaśnego, np. chleb pszenny, ogórki kiszone, jogurt itd., aby przełamać nadmiar słodkiego.

Najczęściej jednak po źle skomponowanym posiłku mamy ochotę na słodycze. To nasze centrum dowodzenia domaga się naturalnej harmonii. Niestety folgowanie słodyczowym zachciankom tylko tę dysharmonię pogłębi! Lepiej już sięgnąć po suszone owoce. A jeśli wciąż jest w nas ochota na łakocie, to jemy je co najmniej godzinę po obiedzie, i do gotowanej kawy z kardamonem lub imbirem.

Preferencje smakowe

Człowiek zdrowy nie ma szczególnych, stałych preferencji smakowych. Oczywiście każdemu co jakiś czas zdarza się wyjątkowa ochota na coś słodkiego, kwaśnego czy ostrego. I to jest normalne. To sygnały płynące z ciała, informacje o zapotrzebowaniu. Natomiast jeśli stale mamy ochotę na jeden smak lub dla odmiany jakiegoś nie cierpimy i unikamy, oznacza to nierównowagę w narządach odpowiadających tym smakom. Niechęć do smaku oznacza nadmiar w danej Przemianie, preferencja jednego – niedobór.

Przykład: Niechęć do ostrego oznaczać może nadmiar energii w płucach/jelicie grubym, zaś ciągła chęć na kwaśne jest sygnałem o niedoborze energii w wątrobie/pęcherzyku żółciowym.

Krok 2: Ciepłe czy zimne?

Produkty Yin i Yang

Poszczególne produkty mają konkretną naturę, czyli temperaturę. Wyróżnić można trzy podstawowe rodzaje:

YIN	NEUTRALNA	YANG
natura zimna i chłodna, działa chłodząco	natura pośrednia, harmonizuje	natura ciepła i gorąca, działa rozgrzewająco

Rozróżniane są również produkty o naturze ciepłej i chłodnej, czyli pośredniej, ale powyższy podział osobom początkującym w zupełności wystarczy. Uważać należy na skrajności, a raczej na częstotliwość ich używania (jak w życiu...). Trzeba tak komponować potrawy, aby produktów Yin i Yang było mniej więcej po równo, z małą przewagą Yang – zważywszy na klimat, w którym żyjemy. Oznacza to, że codzienne nasze pożywienie powinno być neutralno-rozgrzewające, szczególnie jesienią i zimą. Jednak gdy organizm traci równowagę, należy mu pomóc i wtedy można doraźnie zastosować większą ilość produktów rozgrzewających lub ochładzających. Zwiększone Yang stosujemy głównie leczniczo przy przeziębieniach i ogólnym wychłodzeniu. Wewnętrzne zimno równoważymy zewnętrznym ciepłem (np. ciepłym ubiorem). Yin z kolei pomaga usunąć nadmiar Ognia (gorąca) z organizmu, chroni też przed udarem słonecznym (jak np. kwaśne mleko czy jogurt pity w upalny dzień).

Poniższa tabelka w uproszczony sposób wskazuje naturę poszczególnych produktów. Jak zauważysz, są produkty, które trudno zaklasyfikować do jednej tylko natury, np. ziemniaki o właściwościach neutralno-ochładzających znalazły się w rubryce środkowej i Yin, i są opatrzone symbolem (–/0).

YIN (–)	NEUTRALNE (0)	YANG (+)
– większość warzyw	o marchew	+ cebula, czosnek
– owoce świeże	o ziemniaki	+ cynamon
– owoce suszone	o masło	+ por
– kurczak, królik	o chleb żytni ciemny	+ pieprze (wszystkie rodzaje)
– chleb pszenny	o chleb żytnio-pszenny	+ imbir
– drożdżowy	o chleb graham	+ kardamon
– cukier, słodycze	o ryż ciemny (0/+)	+ chili
– lody	o makaron jajeczny	+ kawa naturalna
– mleko, śmietana,	o orzechy laskowe	+ kawa zbożowa
– jogurt	o jajka	+ kasza gryczana
– soki, zimna woda	o żyto	+ majeranek
– kompoty	o dynia	+ tymianek
– piwo, białe wino	o ryby słodkowodne	+ kurkuma,
– czerwone wino (–/0)	o gęś (0/+)	+ kolendra
– kiszonki	o indyk (0/+)	+ wrzątek
– marynaty	o gołąb	+ groch
– wieprzowina	o bób	+ wołowina
– wędliny wieprzowe	o czerwone wino	+ cielęcina
– makaron bez jajek	o oliwa z oliwek	+ indyk
	o oleje	+ gęś

– makaron jajeczny (–/0) – ziemniaki (–/0) – fasola, soczewica – kasza jęczmienna – kasza jaglana – ryż biały – soja – grzyby – ryby morskie – owoce morza – sól, Vegeta – mrożonki – zielona pietruszka – orzechy (wszystkie oprócz laskowych) – kuskus – pszenica (pęczak) – ser żółty – smalec wieprzowy	o tran o smalec gęsi	+ owies + ryż ciemny + kaszka kukurydziana + kakao + wódka + koniak + whisky

Więcej produktów znajdziesz na końcu książki, w szczegółowym skorowidzu oraz w tabelkach poszczególnych smaków.

Równoważenie sił

Mając tabelkę na podorędziu, tak dobieramy składniki i produkty, by potrawa była jak najbardziej zrównoważona, czyli zbliżona do neutralnej. Produkty Yang zestawiamy z produktami Yin, natomiast produkty neutralne zarówno z jednymi, jak i drugimi. Również przyprawy dodajemy na tej samej zasadzie. Oczywiście robimy to na wyczucie, a nie 1:1.

Baczymy na harmonię Yin-Yang i na to, by poszczególne smaki i kolory (te także podlegają Przemianom) nie powtarzały się.

Przykład:

Wołowina - mięso o naturze Yang powinno być zestawiane z warzywami (Yin), czy to w formie surówki (wiosną i latem), czy duszonki (jesienią i zimą) oraz z dodatkiem czegoś kwaśnego (Yin), kiszonego (ogórek, kapusta itd.). Ziemniaków jednak już tu lepiej nie dodawać, bo stworzymy z kolei nadmiar smaku słodkiego i obiad będzie ciężki.

Przykład:

Indyk i ryż to kolejny przykład nadmiaru - tu, w smaku ostrym, którego nie stosujemy. Indyka możemy śmiało zestawiać z ziemniakami oraz z kolorowymi warzywami. Otrzymamy urozmaicenie, zarówno smakowe, jak i harmonię Yin i Yang.

Następna rzecz, na którą zwracamy uwagę, to komponowanie smaków suchych z wilgotnymi. Połączenie ziemniaków z wieprzowiną, smaku słodkiego i słonego, jest zatem ryzykowne, bo wytworzy się nam po takim zestawie nadmiar śluzu, co poskutkuje poobiednią ociężałością. Tym bardziej, że ogólna temperatura tych produktów będzie neutralno-ochładzająca. Jeśli dodamy ogórek kiszony lub surówkę, otrzymamy danie o naturze Yin, co przy połączeniu mięsa i ziemniaków będzie w efekcie ciężkostrawne.

Wieprzowina (zimna i wilgotna), jeśli już ją podajemy (ja osobiście doradzam, by jeść ją co najwyżej raz w miesiącu), wymaga porządnego doprawienia oraz przeciwwagi w postaci pokarmu ocieplającego o suchym smaku, np. kaszy gryczanej, czosnku, cebuli, pora, chili, pieprzu Cayenne itd.

Prawidłowe zestawienia:

- Ziemniaki + indyk + surówka z marchwi i jabłka
- Ziemniaki z czosnkiem + kalafior + bułka tarta na maśle
- Ziemniaki + jagnięcina + kapusta kiszona lub surówka
- Ryż biały + wołowina + ogórek kiszony
- Ryż brązowy + fasola + czosnek
- Kasza gryczana + kurczak + duszone warzywa
- Kasza gryczana + jajko sadzone + kapusta kiszona
- Kasza gryczana + ryba w jarzynach
- Kasza gryczana z cebulą + wieprzowina w majeranku
- Kasza jęczmienna + sos wołowy lub cielęcy z cebulą
- Kasza jęczmienna + marchew z groszkiem
- Kasza jaglana + gulasz indyczy lub pulpety jagnięce
- Kasza jaglana + fasola z czosnkiem
- Kuskus + sos wołowy
- Kuskus + czosnek + marchew na gęsto

To tylko kilka przykładów, ale jeśli już zrozumiesz zasadę, intuicyjnie będziesz tworzyć kolejne zestawy. Tworzenie potrawy ma jeden cel: osiągnięcie równowagi między pięcioma smakami i równowagi pomiędzy siłami Yin i Yang.

Kiedy myślę o doskonałym doborze smaków i równowadze Yin-Yang, nasuwa mi się przykład co niedzielnej jajecznicy Taty, która na dobre weszła do naszej tradycji rodzinnej. Mój rodzic, nie mając pojęcia o naturze smaków i pożywienia, potrafił – z drobną pomocą Mamy – stworzyć bardzo harmonijny posiłek. Po pierwsze, jajecznica robiona była powoli, na maleńkim ogniu, z wielkim pietyzmem, co zwiększało jej energię Chi i podnosiło Yang. Po drugie, śniadanie zawierało oczywiście wszystkie pięć smaków: oprócz jajek, tłuszczu, dobrze wytopionej kiełbaski lub boczku, czasem pieczarek lub grzybów, pieprzu i soli oraz chleba pszenno-żytniego z masłem, serwowana była mamusina czarna herbata z cytryną i cukrem. Był to naprawdę przepyszny zestaw, a dzięki harmonii wszystkich smaków i odpowiedniej, neutralno-rozgrzewajacej naturze, na efekty przemiany materii nie trzeba było długo czekać!

Równowaga na talerzu to równowaga w nas, zaś równowaga w nas to Zdrowie.

Jangizownanie i jinizowanie produktów

Jangizowanie to zwiększanie „Yang", podnoszenie energii ciepła w potrawie lub produkcie, który ze swej natury jest ochładzający lub neutralny. Do takich metod należą:

- duszenie,
- prażenie (nasion, pestek, orzechów, zbóż, kasz, mąki),
- smażenie,
- długie gotowanie w małej ilości wody, pod przykryciem,
- wędzenie,
- blanszowanie (wrzucenie na kilka minut do gotującego wrzątku).

Jinizowanie jest ujmowaniem energii produktowi zbyt gorącemu z natury, szczególnie w okresie lata. To zwiększanie „Yin". Metody:

- marynowanie,
- kandyzowanie,
- schładzanie w lodówce lub zamrażarce,
- fermentacja, kiszenie.

W naszym klimacie, gdzie jest przewaga dni chłodnych nad ciepłymi, zdecydowanie częściej stosujemy jangizowanie. W ten sposób energetyzujemy ciało i dowartościowujemy narządy wewnętrzne. Wytwarzamy CHI.

Powyższe metody jangizowania są czasochłonne, a w życiu często bywa tak, że nie mamy ani czasu na podnoszenie energii żywności, ani możliwości, kiedy jesteśmy poza domem. Jest na to sposób – używaj przypraw wymienionych poniżej, posypując nimi gotową potrawę lub produkt. Najlepsze są:

- imbir - całkowicie uniwersalny pasujc do potraw słodkich, słonych, kwaśnych i wszystkich innych (ja używam go codziennie do niemal wszystkiego!); szczególnie dobrze sprawdza się w przypadku kupnych łakoci - częściowo rozprasza negatywne działanie smaku słodkiego,
- pieprz ziołowy - używaj go do woli, bo zawiera kilka ziół, np. kminek, kolendrę, kozieradkę, itd.; unikaj jednak tańszych mieszanek, ponieważ często dosypywany jest tam glutaminian sodu; zwróć też uwagę na smak pieprzu - większość ma smak ostry, niektóre jednak są gorzkie, ze względu na przewagę ziół ognistych w składzie, a po wypróbowaniu używaj zgodnie ze smakiem - jako ostry lub gorzki,
- cynamon - wspaniały do wszystkich rodzajów słodyczy, można śmiało łączyć go z imbirem,
- pieprz czarny - znany, lubiany i uniwersalny,
- pieprz Cayenne i chili (słabsze od Cayenne) - dla odważnych!

Krok 3: Co mamy za oknem?

Natura nas inspiruje i dyktuje sposób zachowania. Pada deszcz - zabieramy parasol, wkładamy kalosze. Leje się żar z nieba - ubieramy się lekko, przewiewnie, opalamy się nad wodą, itd. Oczywiste! - ktoś powie. Zgadzam się, oczywiste. Dlaczego więc wokół tyle przykładów łamania praw Natury? Przykład pierwszy z brzegu: objadanie się bananami, jogurtami, surówkami, czy lodami zimą, zakładanie mini spódniczki, czy krótkiej, odsłaniającej talię, kurtki przy minusowych temperaturach (zima to czas aktywności nerek, a te nie lubią zimna; o tym wiedziały już nasze babki). Oznacza to coraz większą separację od Natury, a co za tym idzie, jej dewastację. W tym przypadku dewastujemy własne ciało, własne zdrowie. Chyba nietrudno się domyślić, że taka postawa czyni nas coraz słabszymi. Podobno każde następne pokolenie rodzi się słabsze od poprzedniego. Jesteśmy coraz bardziej światowi, a coraz mniej zdrowi. Doskonale to obrazuje coraz większa liczba alergików, niemowląt z chorobami skóry, astmą, wiecznie smarkających, zaziębionych kilkulatków. Nasze dzieci są „papierkiem lakmusowym" naszych czasów - stan ich zdrowia najbardziej pokazuje nam błędy, jakie popełniamy w postępowaniu z planetą Ziemią. Klimat, w którym żyjemy i zmieniające się pory roku, wymagają od nas uważnej obserwacji. A następnie przemyślanych działań, które powinny harmonizować z Naturą, z jej rytmami, cyklami.

Pory roku i klimaty

Medycyna chińska wyróżnia pięć pór roku i odpowiadające im pięć klimatów. Pory roku znane nam, czyli: wiosna, lato, jesień, zima, trwają umownie 73 dni, zaś piata pora roku, zwana dojo (czytaj: dodżo), 18 dni. Ale uwaga: dojo pojawia się w ciągu roku cztery razy, co w sumie daje ok. 72 dni.

Dojo to okres, kiedy kończy się jedna pora roku, a zaczyna kolejna. Prościej mówiąc: to pora roku między kolejnymi czterema. I nie jest to tak naprawdę nic dziwnego. Przecież w naszej pięknej krainie od dawna używa się takich określeń jak: późne lato, późna jesień czy przedwiośnie. Wszyscy znają? To właśnie synonimy dojo! O tym, jak odżywiać się w tym czasie, przeczytasz dalej.

Jak obliczyć, kiedy zaczyna i kończy się dana pora roku? Otóż wedle Pięciu Przemian nie zaczynają się one tak, jak to jest powszechnie znane. Data, którą uważa się za początek, tak naprawdę stanowi środek pory roku! Czyli 22 września to nie początek jesieni, ale dokładnie jej środek.

Daty pięciu pór roku

DOJO WIOSENNE (przedwiośnie):	od 26 stycznia do 12 lutego
WIOSNA:	od 13 lutego do 25 kwietnia
DOJO LETNIE:	od 26 kwietnia do 13 maja
LATO:	od 14 maja do 25 lipca
DOJO JESIENNE (późne lato):	od 26 lipca do 12 sierpnia
JESIEŃ:	od 13 sierpnia do 25 października
DOJO ZIMOWE:	od 26 października do 12 listopada
ZIMA:	od 13 listopada do 25 stycznia

Powyższe daty dobrze jest na początek wydrukować i umieścić w widocznym miejscu (na ścianie nad biurkiem, w kuchni na lodówce itd.) lub wpisać do naściennego kalendarza, czy osobistego terminarza. To pozwoli na oswojenie się z „nowymi" porami roku. To również umożliwi świadome śledzenie na bieżąco reakcji organizmu na Przemiany. Przy czym często się zdarza, że organizmy bardziej wrażliwe, na przykład ze skłonnościami alergicznymi, reagują z kilkudniowym, a czasem tygodniowym wyprzedzeniem na nadchodzącą kolejną porę roku.

Za chwilę dowiesz się, które narządy są aktywowane przez konkretne pory roku i klimaty. Pod słowem „klimat" w medycynie chińskiej rozumiemy czynniki zewnętrzne, takie jak: wiatr, gorąco, wilgoć, suchość i zimno. Terminy te odnoszą się również do czynników wewnętrznych, działających w ludzkim ciele.

Wiosna

Wiosna to pora roku zwana przez Chińczyków „małym Yang". Wtedy maksimum energii przypada na wątrobę i pęcherzyk żółciowy. Klimatem odpowiadającym wiośnie jest wiatr, co oznacza, że wiatr (przeciąg) może nam wyrządzić największą krzywdę wiosną. Chrońmy wówczas górną część pleców i szyję. Duża aktywność obiegu wątroby obniża funkcjonowanie śledziony i żołądka. Dzieje się tak według Obiegu Kontrolnego: Drzewo powstrzymuje Ziemię. Zatem nasze trawienie może wiosną ulec pogorszeniu, zmniejsza się też odporność, ponieważ osłabiony jest element Ziemi, będący naszym Centrum. Dlatego o tej porze roku na światło dzienne wychodzą wszelkie alergie.

Jako że Element Drzewa jest dominujący, starannie dobieramy pokarm, by uciszyć szalejącą wątrobę. Możemy wreszcie robić kwaśne zupy (ale nie za bardzo kwaśne) i dobrze doprawione pozostałymi smakami (szczególnie słodkim), np. żurek, ogórkową, pomidorową, barszcz, itd. Musimy za to uważać na czosnek – jedzmy go w małych ilościach, raczej duszony i gotowany, niż smażony. To złagodzi jego ciężkostrawne działanie.

Wiosną zaleca się jeść pokarmy ciepłe, słodkie (marchew, miód, gotowane zboża, zupy jarzynowe). Jemy już mniej tłusto i mniej mięsa niż zimą, aby odciążyć śledzionę i wątrobę. Jeśli jesteśmy zdrowi, pozwalamy sobie na sałatki, nowalijki. Wiosną, ale dopiero od marca, gdy jest już cieplej, możemy przeprowadzać głodówki i oczyszczanie organizmu.

Lato

Lato to maksimum serca i jelita cienkiego. To czas „wielkiego Yang". Klimat odpowiadający latu to gorąco, co oznacza, że może ono uczynić nam najwięcej krzywdy latem, szczególnie w dobowym maksimum Ognia, między godziną 11 a 15. Informacja ta dotyczy upałów. Ogień gasi Wodę, więc wzmacniamy przemianę w słonym smaku. To najlepszy czas na ochładzającą, odświeżającą żywność, jedzenie sezonowych warzyw oraz krajowych owoców. Polecane są ryby, pomidory i soczewica, a czasem fasole.

Jedzenie powinno być lekkostrawne, zawierające jak najmniej mięsa, ponieważ w porównaniu do warzyw i owoców ma ono naturę silnie Yang. To w naszym klimacie jedyna pora roku, kiedy bezkarnie i radośnie możemy być wegetarianami! Można też stosować krótkie głodówki.

Latem nadal jemy ciepłe, dobrze doprawione posiłki. Ale pozwalamy sobie na większe porcje owoców, surówek, sałatek i innych produktów o naturze Yin. Nie warto jednak objadać się lodami i opijać litrami zimnych napojów, bowiem organizm odchoruje to jesienią (według zasady 100 dni: co zrobisz dziś, za 100 dni będziesz miał tego skutek). To czas, by naładować organizm energią Ognia (słońca), aby ten jak najlepiej przetrwał jesienne i zimowe chłody. Spożywanie nadmiernej ilości pokarmu wychładzającego tylko zmarnuje zapasy ciepła gromadzonego latem przez narządy. W razie silnego pragnienia niezawodne są herbaty ziołowe, kompoty i gotowana kawa. Gwarantuję, że pragnienie spada przynajmniej o połowę, w przeciwieństwie do picia wody mineralnej, po której tylko się ono wzmaga. Zatem latem ładujmy baterie i bawmy się. Wszak Ogień to radość!

Dojo (późne lato)

Dojo to maksimum narządów należących do Ziemi, czyli śledziony i żołądka. Klimat odpowiadający dojo to wilgoć, co oznacza, że wilgoć właśnie o tej porze roku może uczynić nam najwięcej krzywdy. Ta powtarzająca się pora roku to powrót do naszego Centrum. To czas dany nam od Natury na „przestawienie się" i przygotowanie do kolejnej pory roku, na wzmocnienie, wyciszenie się. To jak powrót do domu, do Matki, po kolejnych podróżach, którymi są pozostałe pory roku.

O tej porze roku nasz organizm często łaknie słodyczy. Dajmy mu tę słodycz, lecz nie pod postacią białego cukru. W chwili słabości możemy zrobić sobie kanapki a la nutella (patrz przepis), chleb z miodem, cynamonem i imbirem, zjeść suszone owoce. Polecane w dojo są ciepłe, gotowane posiłki: zupy jarzynowe, duszonki, mało mięsa - aby odciążyć śledzionę. Niezbędny jest imbir, cebula, czosnek. A przy zastojach, wilgotnych zaparciach, czy wzdęciach - wywar imbirowy.

Jesień

Jesień to „małe Yin". Największą energię mają wtedy płuca i jelito grube. Klimat odpowiadający jesieni to suchość, co oznacza, że suchość może wyrządzić nam w tym okresie najwięcej krzywdy. Naszym zadaniem jest wzmacniać organizm ciepłym pożywieniem, chroniącym przed zewnętrznym chłodem. Jako że to czas Metalu, a więc czas pozbywania się złogów i wilgoci po szalonym lecie, to dobry czas na oczyszczanie organizmu. Robimy to najpóźniej do połowy października, a najlepiej zacząć już we wrześniu.

Jesienią często przesusza się nam skóra, dopada suchy kaszel, należy więc spożywać produkty, które nawilżają płuca i skórę (nasze „trzecie płuco"), czyli pożywne zupy gotowane na mięsie (kwaśne - już jak najrzadziej) - szczególnie rosoły, wołowina, cielęcina, miód, gotowane/pieczone owoce (gruszki, jabłka, banany itd.) z przyprawami korzennymi, ogrzewające herbaty ziołowe. Czarna herbata już nam nie służy (wychładza i wysusza).

Zima

Zima jest czasem największej aktywności nerek i pęcherza moczowego. To „wielkie Yin". Klimat odpowiadający zimie to zimno, co oznacza, że w tym czasie może ono uczynić nam najwięcej krzywdy, szczególnie w dobowym maksimum Przemiany Wody, między godziną 15 a 19. Temperatura spada, więc zdecydowanie unikamy pokarmów silnie ochładzających (np. lodów, owoców południowych, zimnych napojów, potraw i produktów o smaku bardzo kwaśnym, w tym kwaśnych zup), a zjadamy więcej produktów Yang: czosnek, cebulę, mięso (szczególnie wołowinę, cielęcinę, indyka, jagnięcinę, baraninę), imbir, gotowaną kawę, pikantne duszonki z fasolą, grzybami oraz kasze i więcej tłuszczu. Ubieramy się ciepło, szczególnie zważając na dolną część pleców, pośladki i uda. Stopy także powinny być zawsze ciepłe.

Podsumowanie

Im cieplej na zewnątrz, tym więcej produktów o naturze Yin możemy włączyć do jadłospisu.

Im zimniej, tym więcej jemy produktów o naturze Yang.

Pokarmy i potrawy neutralne są polecane zawsze, przez cały rok, oczywiście należycie doprawione.

Krok 4: Jak się dziś czujesz?

Pięć emocji

Jedzenie ma wpływ na emocje, a te na zdrowie, dlatego jesteś tym, co jesz. I odwrotnie: jesz to, co dyktują Ci emocje oraz organy, a konkretnie to, w jakiej są kondycji. Medycyna chińska wyróżnia pięć podstawowych emocji:

- złość,
- radość,
- troska,
- smutek,
- strach.

Cokolwiek przychodzi Ci do głowy, gdy patrzysz na powyższy zestaw, od razu podpowiadam: każda z tych emocji jest prawidłowa i potrzebna na poziomie życia codziennego. Dzięki praktyce duchowej możliwe jest wyzwolenie się od nich, ale wymaga to wewnętrznej dyscypliny i codziennego stosowania konkretnych technik. Efektem jest osiągnięcie wewnętrznego spokoju. W tej książce jednak zajmuję się tym, co zwykłe, codzienne, i tym, jak poradzić sobie tu i teraz.

Złość

W formie prawidłowej pojawia się jako wyraz buntu, gdy ktoś chce skrzywdzić nas lub innych. Złość pozwala skutecznie się obronić, uruchomić sprawiedliwy gniew.

W przypadku zablokowania złości dochodzi do godzenia się na poniżanie ze strony innych, do braku szacunku dla siebie samego.

Przy nadmiarze złości, pojawia się agresja, a wraz z nią tyrania, brak szacunku do innych i ich praw.

Radość

Pojawia się, gdy człowiek potrafi cieszyć się z tego, co ma (niezależnie od tego, ile ma) tu i teraz, gdzie i z kim jest. To radość bycia, wychodząca z wnętrza, niebędąca skutkiem zewnętrznych wydarzeń. To poczucie szczęścia bez wyraźnego powodu. To pasja, kreatywność, jasna komunikacja z innymi.

Kiedy radość jest zablokowana, człowiek potrzebuje konkretnych bodźców ze świata zewnętrznego, często wyrafinowanych i ekskluzywnych, by cokolwiek go zadowoliło. Pojawia się zwątpienie, cynizm, pesymizm, niechęć do kontaktów z innymi.

Przy nadmiernej radości pojawia się stan histerii. Wówczas człowiek odnajduje chwilowe zadowolenie w nadmiarze: ludzie potrzebni są, by wypełnić pustkę, przedmioty pełnią rolę zaspokajaczy, zakupy, zabawa i spotkania stają się treścią życia, pojawia się gadatliwość, brak skupienia, niepokój.

Troska

W formie prawidłowej jest wyrazem dbałości o siebie, otoczenie i o innych oraz harmonii między tym, co zewnętrzne a wewnętrzne. Cenimy to, co mamy tu i teraz. Pomagamy bliźnim w potrzebie, bacząc jednak na to, czy na pewno potrzebują naszej pomocy. Mamy oparcie w sobie i potrafimy dać je innym.

Natomiast przy blokadzie tej cechy mamy do czynienia z beztroską, kapryśnością, niewiarą w siebie, uzależnieniem od obecności innych, przymilaniem się, by zyskać aprobatę.

Kiedy troska przechodzi w nadmiar, pojawia się zatroskanie, martwienie się, nadopiekuńczość, a co za tym idzie – wtrącanie się w sprawy innych, życie życiem bliźnich zamiast swoim, a także przejadanie się i gromadzenie dóbr materialnych.

Smutek

Jako naturalna emocja przychodzi wówczas, gdy czujemy oddzielenie, czy to z powodu utraty kogoś bliskiego, czy dóbr materialnych, czy dobrych chwil. Smutek jest potrzebny, by móc pogodzić się z tym, czego już nie ma, czyli ze zmianą. Smutek oczyszcza.

Natomiast zablokowanie smutku prowadzi do depresji, niepewności, wycofania.

Gdy smutek trwa za długo, przechodzi w rozżalenie, szukanie winnych, krytykanctwo, surowość, pedanterię.

Strach

Prawidłowo pojawia się w niebezpiecznych czy ryzykownych sytuacjach, aby chronić nas i naszych bliskich. Wówczas odnajdujemy odwagę do skutecznych działań.

Blokada strachu powoduje, że robimy rzeczy, które narażają nas i innych na wypadki oraz niebezpieczeństwo.

Stale odczuwany lęk przechodzi w stres, różnego rodzaju fobie, powoduje izolowanie się od innych, brak odwagi, spadek witalności.

Jak emocje wpływają na nasz organizm?

Każdy narząd odpowiada konkretnej emocji. Jeśli coś złego dzieje się z jakimś organem, natychmiast wpływa to na nasze samopoczucie i stan psychiczny. I odwrotnie: długotrwale działające emocje mogą wyniszczać nasze wnętrze (gniew, żal, wściekłość, zazdrość, strach) lub je budować (śmiech, radość, spokój):

- nadmierne, pełne złości rozpamiętywanie przeszłości blokuje wątrobę,
- problem z wybaczeniem, skrywany żal o coś, to często zaparcia w jelicie grubym,
- ciągłe zamartwianie się odbija się na pracy żołądka i śledziony, stąd typ „śledziennika" oraz „wrzodowca",
- silny stres sprawia, że dzieci siusiają ze strachu, a dorośli gwałtownie siwieją (nerki zawiadują włosami na głowie),
- nadmiar śmiechu i zabawy wyczerpuje energię serca.

Teraz przestudiuj uważnie poniższe zestawienie i zależności między pięcioma grupami narządów a pięcioma grupami emocji i cechami w dwóch odsłonach (ale niekoniecznie „dobrych" i „złych", bo nic nie jest czarno-białe):

Drzewo – wątroba, pęcherzyk żółciowy:

- smak kwaśny,
- cierpliwość, tolerancja, kreatywność, decyzyjność,
- złość, agresja, nienawiść.

Ogień – serce, jelito grube:

- smak gorzki,
- radość, śmiech, komunikatywność,
- histeryczny śmiech, infantylność, gadatliwość.

Ziemia – śledziona i trzustka, żołądek:

- smak słodki,
- uważność, koncentracja, troskliwość, dobra pamięć,
- obsesyjne myślenie, rozkojarzenie, zamartwianie się, wtrącanie w życie innych.

Metal – płuca, jelito grube:

- smak ostry,
- altruizm, śmiałe patrzenie w przyszłość, otwartość, uporządkowanie, ruchliwość, zamiłowanie do podróży,
- żal, smutek, użalanie się nad sobą, pedanteria, choroba lokomocyjna.

Woda – nerki, pęcherz moczowy:

- smak słony,
- silna wola, odwaga, siła fizyczna,
- strach, lęk, stres, niemoc.

Emocje „odżywiają" lub niszczą nasze narządy, a te z kolei dyrygują naszym zachowaniem. Czy będzie to dla nich dobry „pokarm", zależy od nas, naszej świadomości, kontaktu ze sobą, własnym ciałem i własnymi uczuciami. Uważaj zatem, czym się karmisz – w sensie fizycznym i filozoficznym.

Emocje a smaki

Jeśli mamy złe samopoczucie (psychiczne bądź fizyczne, co jest praktycznie tym samym) lub chcemy po prostu wspomóc pewne procesy mentalne, zastosowanie odpowiedniego jedzenia może nam pomóc.

Jeśli często odczuwasz agresję, złość, powinieneś wyciszyć swą wątrobę i jako pierwszą pomoc możesz zastosować coś kwaśnego. Podstawą, a więc oparciem dla Drzewa, jest Ziemia, co dłuższą metę zadziała skuteczniej. Zatem naturalny smak słodki o ciepłej naturze najlepiej wspomoże wątrobę: gęste, pożywne zupy jarzynowe, szczególnie te miksowane, duszeniny jarzynowo-mięsne. Takie naturalnie słodkie pożywienie rozluźnia („słodyczowcy" to najczęściej ludzie spięci i nerwowi), łagodząc wątrobowe emocje, które powodują wewnętrzny skurcz.

Aby wzmocnić koncentrację, skupienie uwagi, np. zapamiętywanie wcześniej poznanych informacji lub ich odtwarzanie, należy wspomóc pamięć, a ta bezpośrednio odpowiada Ziemi. Orzechy włoskie, nieprzypadkowo przypominające kształtem i formą mózg, są w smaku gorzkosłodkim. Zjedzenie kilku razem z zupą jarzynową pomoże rozluźnić się, a tym samym skoncentrować. Jeśli natomiast chcemy być komunikatywni, błyskotliwi, sprawnie wyrażać myśli albo jeśli uczymy się nowych rzeczy, przyswajamy nowe informacje, powinniśmy wzmocnić w sobie Ogień. Sprzyja temu kawa (koniecznie gotowana), kakao, herbata, a nade wszystko zioła i warzywa w smaku gorzkim. Niewielki dodatek kurkumy praktycznie do wszystkiego bynajmniej nie uważam za przesadę. Ta przyprawa skutecznie wpływa na pracę mózgu i ma szereg właściwości, w tym antynowotworowe.

Na emocje typu śledzionowego i płucnego, czyli smutek i zamartwianie się, dobrze zadziała smak ostry. Ma on właściwości rozpraszające, dlatego smutki przegania precz! Zjedzenie pikantnej potrawy czy wypicie ostrego napoju (np. wywaru imbirowego) potrafi skutecznie poprawić samopoczucie. Po pierwsze, nabieramy głębszego oddechu, a tym samym lepiej dotleniamy mózg, przez co poprawia się krążenie. Po drugie, któż nie zna leczniczego działania jednego kieliszka „czegoś mocniejszego"? Nie zachęcam bynajmniej do nadmiernej konsumpcji alkoholu, ale prawdą jest, że kieliszek wódki potrafi postawić człowieka na nogi! Wszak w małych ilościach od zawsze był lekarstwem i przy tej opcji pozostańmy!

Mogę zapewnić, że dłuższe stosowanie Pięciu Przemian w kuchni zadziała na każdy organ, na każdą funkcję ciała, na naszą psychikę, holistycznie. Nie rozdrabniając się więc i nie kombinując „co jest na co”, gotujmy po prostu wedle tej formuły. Efekty przyjdą prędzej czy później.

Emocje a gotowanie

Niebagatelne znaczenie ma rodzaj emocji towarzyszący nam przy sporządzaniu posiłku. Pamiętaj, że gotując dla innych, stajesz się w dużym stopniu odpowiedzialny za ich samopoczucie psychofizyczne. Sama wiele razy zauważyłam na swoim przykładzie, że jedzenie zmieniało smak, gdy gotowałam je pod wpływem złości lub lęku. Odpowiednio do powyższych emocji, jedzenie stawało się zbyt kwaśne lub za słone.

Gotuj w spokoju. Niech towarzyszy temu radość, a nie przymus. Pamiętaj: gotując, oczyść się z negatywnych myśli, możesz nastawić ulubioną muzykę lub radio (ja robię to często i w efekcie tańczę i/lub śpiewam przy kuchence!), zapalić świeczkę, ulubione kadzidło, itd. Zrób cokolwiek, co stworzy Ci wspaniałą atmosferę do tworzenia, bo przecież nie bez kozery nazywa się to SZTUKĄ kulinarną.

Stres potrafi popsuć nie tylko smak potrawy, ale i późniejszą efektywność trawienia. Dlatego zasadą stać się powinno, że nie jesz, gdy jesteś zdenerwowany. Tylko jedzenie w spokoju ma sens i przynosi zdrowotne efekty.

Krok 5: Która godzina?

Zegar organów, czyli co i kiedy jeść

„Śniadanie zjedz sam, obiadem podziel się z przyjacielem, kolację oddaj wrogowi” – to powszechnie znane chińskie przysłowie. Zaś nasze staropolskie brzmi: „Śniadanie zjedz jak król, obiad jak książę, kolację zaś jak żebrak”. I chodzi dokładnie o to samo! Medycyna chińska bardzo precyzyjnie to objaśnia.

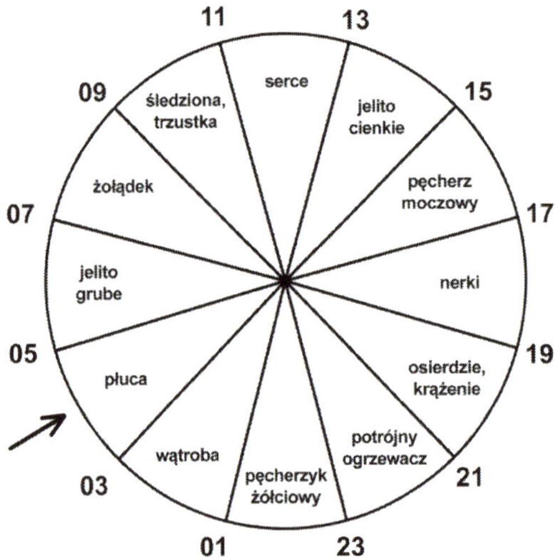

Wedle powyższego zegara narządów, nasz organizm, wzorem naszych przodków, budzi się, gdy jest maksimum płuc, między 3 a 5.00 rano, co jest najlepszym czasem na pobudkę i rozruszanie się, na gimnastykę.

Od 5 do 7.00 króluje jelito grube, jest to więc czas na oczyszczanie. Szczególnie osoby mające problem z regularnymi wypróżnieniami, powinny wcześnie wstawać, by dać sobie szansę na oddanie stolca właśnie w tym czasie.

Najlepsze trawienie mamy od godziny 7 do 9.00 rano, kiedy żołądek ma swoje maksimum i strawić może przysłowiowego konia z kopytami, a i z podkowami pewnie też! Dlatego o pomstę do nieba woła nagminne omijanie śniadania szerokim łukiem albo zubożenie tegoż do jogurtu czy kawy (w dodatku – o zgrozo! – parzonej lub rozpuszczalnej).

Przyjmijcie więc za pewnik (szczególnie kobiety lubiące dbać o linię), że rano wszystko jest dozwolone! Nie będzie żadnych skutków ubocznych, a wręcz przeciwnie - żołądek dobrze potraktowany i akuratnie wypełniony, odwdzięczy się świetnym trawieniem przez resztę dnia! Co jednak znaczy „dobrze potraktowany"? Co lubi żołądek? Żołądek najbardziej lubi ciepło. I to o każdej porze dnia. Jednakże dobrze jest zacząć dzień ciepłym napojem. Znakomicie się do tego nadaje herbatka ziołowa z macierzanką i rozmarynem (patrz: przepis) lub gotowana kawa w pięciu smakach (patrz: przepis). Może być naturalna lub zbożowa (szczególnie w przypadku dzieci). Gotowaną kawę możemy pić na pusty żołądek, ale nie codziennie, szczególnie przy problemach z nadkwasotą. Na czczo polecam raczej pół szklanki przegotowanej wody z odrobiną miodu i cytryny. Kawę możemy pić między posiłkami, nigdy tuż po posiłku, ponieważ to zablokuje nam procesy trawienne. Natomiast w porze podwieczorku z dodatkiem zbożowego ciasteczka, pomoże owo ciasteczko lepiej strawić. Uważam, że przyjęcie 2-3 szklanek dziennie to maksimum, którego nie należy przekraczać. A zatem zaraz po wstaniu z łóżka pijemy ciepłą wodę lub zioła, co daje nam chwilę czasu na rozgrzanie, rozbudzenie i skierowanie myślenia na właściwe tory, a potem możemy kawę gotować. To wspaniały rytuał! Na pierwsze śniadanie najlepsza będzie ciepła strawa: jajecznica, owsianka czy grzanki są mile widziane!

Między 9 a 11.00 największą aktywność mają kolejne narządy ziemskie: śledziona i trzustka. I jest to jedyna pora, kiedy można zupełnie bezkarnie, bez szwanku dla zdrowia, zjeść słodkości oraz jedzenie surowe, czy ochładzające. O tej porze sprawnie działa nasza pamięć, więc dobrze jest zdawać egzaminy i załatwiać sprawy wymagające logiki oraz sprawnej współpracy z innymi.

Między 11 a 13.00, gdy jest maksimum serca robimy przerwę od jedzenia. Lepiej już zaangażować się w uczenie nowych rzeczy, mózg jest bowiem w szczytowej formie.

Obiad powinien pojawić się między godziną 13 a 15.00, jako że króluje nam wtedy jelito cienkie i procesy trawienne działają bez zarzutu. Może być to obiad dwudaniowy, ale zalecam, by pomiędzy zupą a posiłkiem stałym zrobić przynajmniej półgodzinną przerwę. I tu jeszcze można poszaleć, lecz z wybiciem 15.00 skuteczność trawienia zaczyna powoli spadać.

Około 17.00 pozwalamy sobie na ostatnią kawę (no chyba że przed nami pilna praca umysłowa do późnych godzin wieczornych – wtedy gotowana kawa jak znalazł). Potem już organizm zaczyna powoli przestawiać się na tryb wieczorny, by o 19.00 wyciszyć już funkcje trawienne, bo wtedy żołądek jest w energetycznym minimum! Dlatego nie należy wtedy jeść zimnych, surowych, mocno kwaśnych czy tłustych posiłków. Co prawda wątroba jeszcze jakoś się ma, ale już za kilka godzin będzie w swoim maksimum (1-3.00), regenerując się w czasie snu i – co ważne – tylko gdy będziemy leżeć. Natomiast regeneracja zostanie zakłócona, gdy wciąż będziemy aktywni i/lub jeżeli wątroba będzie nadal trawić późną kolację. Efekt: uczucie zmęczenia i pełności po przebudzeniu następnego dnia.

Zatem jeśli jesteśmy głodni wieczorową porą, posilmy się czymś, czego strawienie nie będzie problemem, a wiec ciepłym i lekkostrawnym posiłkiem. Najlepsza będzie łagodna w smaku zupa jarzynowa, ale zjedzona najpóźniej o 19.00. W ten sposób rozluźnimy zmęczone ciało i przygotujemy je nocnego wypoczynku. Kładziemy się najpóźniej o 22.00, by umożliwić ciału maksymalną regenerację.

Między kolacją a śniadaniem dnia następnego powinno minąć od 12 do 14 godzin (w zależności od osoby, od stanu narządów), dlatego ideałem jest jedzenie kolacji o 18.00, a śniadania o 8.00. W ten sposób pozwalamy procesom przetwarzania, odnowy biologicznej i trawienia działać w pełni. Jeśli tak czynić będziemy, wątroba i żołądek odwdzięczą nam się na pewno!

A z rana znów kawka... :)

Podsumowując, w ciągu całej doby, co 4 godziny dominuje inna Przemiana, a wraz z nią odpowiadające jej procesy zachodzące w ciele:

- 3-7.00 – Przemiana Metalu (procesy oczyszczania: skóra, płuca, jelito grube),
- 7-11.00 – Przemiana Ziemi (procesy przyswajania: żołądek, śledziona, trzustka),
- 11-15.00 – Przemiana Ognia (procesy przetwarzania: serce, jelito cienkie),
- 15-19.00 – Przemiana Wody (procesy wzmacniania: pęcherz moczowy, nerki),
- 19.00-23.00 – Przemiana Ognia – po raz drugi (procesy przetwarzania energii przyjętej przez cały dzień na ciepło: krążenie, osierdzie, potrójny ogrzewacz, funkcje seksualne),
- 23.00-3.00 – Przemiana Drzewa (procesy odnowy biologicznej, ale tylko w pozycji leżącej: pęcherzyk żółciowy, wątroba).

Regularność jedzenia

W miarę regularne posiłki to ważna zasada, szczególnie zaś dla małych dzieci i matek karmiących. Ma to ogromny wpływ na samopoczucie i zdrowie.

Nauczona doświadczeniem, ukułam następujące stałe punkty dnia:

1. O ile to możliwe, wstań wcześnie, najlepiej między 5 a 6 rano.
2. Dzień zaczynaj od ciepłej wody z miodem i cytryną lub ziół, a czasem od gotowanej kawy w pięciu smakach, która rozgrzewa, podnosi energię, ułatwia wypróżnianie oraz przygotowuje śledzionę i żołądek do trawienia w okresie ich maksimum.
3. Zjedz 4 posiłki w ciągu dnia. Jeśli prowadzisz aktywny tryb życia, regularnie trenujesz, co jest bardzo wskazane, jedz 5 razy dziennie.

4. Do południa, do godziny 11.00, zjedz dwa śniadania. To naprawdę ważne! Daje to energię na cały dzień. To jak zatankowanie rano baku Twojego pojazdu – możesz spokojnie jeździć całą dobę.
5. Odstępy między posiłkami to 2-4 godziny, zależy to od ilości posiłków, Twojej przemiany materii oraz od tego czy potrawa jest ciężko- czy też lekkostrawna. Lepiej jest częściej, a lżej i mniej.
6. Ruszaj się! Tylko w ten sposób pobudzisz procesy odnowy i oczyszczania organizmu. Najlepsza pora na intensywne ćwiczenia to maksimum Przemiany Metalu (3-7.00) i Wody (15-19.00). Dobierz rodzaj treningu do swoich możliwości, temperamentu, trybu życia.

Jak wszystkie zasady, tak i te powinny być potraktowane ze zdrowym rozsądkiem. Trudno na przykład wymagać od kogoś, kto wstaje o 10.00 rano, by do południa zjadł dwa śniadania. Zastanów się, jaki tryb życia prowadzisz, czy warto coś zmienić i spróbuj rozpisać idealny dla Ciebie rozkład posiłków w ciągu dnia, przyklej do lodówki i postaraj się go trzymać przez kilka dni, obserwując swoje samopoczucie. Moje rady mogą być pomocne, jednak nic nie zastąpi Twoich własnych doświadczeń i przemyśleń.

Przykładowy jadłospis na 3 dni

PIERWSZY DZIEŃ

8.00 – Śniadanie:

- Kawa gotowana (naturalna lub zbożowa) lub woda z miodem i cytryną.
- Olej lniany.
- Owsianka bakaliowo-owocowa.

11.00 – II śniadanie:

- Kanapki z pastą fasolową.

Obiad:

- 14.00 – Zupa cebulowa na indyku, z grzankami.
- 15.00 – Kasza gryczana z masłem lub olejem lnianym, duszona cebula, jajko sadzone, ogórek kiszony.

18.00 – Kolacja:

- Zupa cebulowa.

19.00 – Do picia:

- Pokrzywa – odwar (1 szklanka).

DRUGI DZIEŃ

Śniadanie:

- Herbata z rozmarynu, macierzanki i imbiru.
- Olej lniany.
- Owsianka bakaliowo-owocowa.

II śniadanie:

- Kanapki z mięsem z zupy poprzedniego dnia, musztarda, chrzan.

Obiad:

- Zupa cebulowa.
- Duszona kapusta czerwona, kasza jaglana z masłem lub olejem lnianym.

Kolacja:

- Marchew z czosnkiem i porem, chleb lub kasza z obiadu.

Do picia:

- Siemię lniane (odwar).

TRZECI DZIEŃ

Śniadanie:

- Woda z miodem.
- Olej lniany.
- Owsianka z marchewką i sezamem.

II śniadanie:

- Jajecznica na pomidorze.

Obiad:

- Krupnik ryżowy na cielęcinie.
- Medaliony indycze w sosie własnym, ziemniaki, kapusta kiszona.

Kolacja:

- Zupa.

Do picia:

- Wywar ze skrzypu.

Tak wygląda prawidłowy jadłospis, ale nie musisz dążyć do zrealizowania go za wszelką cenę. Traktuj to jak inspirację. Często jest przecież tak, że nie jemy dwóch dań na obiad. Zatem jedno z dań pomijamy albo przekładamy na następny dzień. Ważne: drugiego dania nie przesuwaj w miejsce kolacji, jeśli zawiera ono sporo tłuszczu, czy mięso.

Potrawy komponowane według pięciu smaków, dzięki zachowaniu ciągłości energii, dłużej zachowują świeżość i dobry smak, dlatego po ugotowaniu większej ilości zupy, czy owsianki (np. 4 litrów), trzeba od razu na gorąco ją zawekować, a potem tylko odgrzewać. W ten sposób zaoszczędzisz czas i nie stracisz walorów przygotowanej potrawy.

Krok 6: Eksperymentuj i gotuj radośnie!

Daj sobie czas na opanowywanie kolejnych kroków. Tylko od Ciebie zależy, w jakim tempie przyswoisz te elementy. Możesz też zatrzymać się tylko na pierwszym etapie, stosując jedynie pięć smaków w kolejności. Sama przez kilka lat głównie na tym bazowałam. Po pewnym czasie dodawanie produktów i przypraw w prawidłowej kolejności wchodzi w krew tak dalece, że robi się to bezwiednie. Musisz tylko pamiętać, co jest w jakim smaku. Oczywiście pomocna będzie lista i opis produktów umieszczona na końcu książki. Tabelki z produktami w poszczególnych smakach, które załączyłam, można wydrukować i umieścić w widocznym miejscu w kuchni. Nie zapominaj jednak o własnym zmyśle smaku – jest on równie ważny jak informacje, które ja Ci przekazałam.

I na koniec ostatnia sprawa: eksperymentuj, popełniaj błędy i gotuj radośnie!

V. Praktyczne porady

Ogień czy prąd?

Ludzkość od niepamiętnych czasów do gotowania, termicznej obróbki żywności używała ognia. I było to całkowicie zgodne z Naturą. Smaczne jedzenie powoli pyrkało sobie w garneczku, gospodyni zaś tylko go doglądała i mieszała. W obecnych czasach spieszymy się. Czas goni nas, a my gonimy za (wolnym) czasem. Jakie pyrkanie? Jakie doglądanie?! Wszystko musi być szybko, teraz, natychmiast! Stąd popularność kuchenek mikrofalowych, w których podgrzewamy często kupne, gotowe jedzenie. Niestety, nijak się ma takie postępowanie do prawdziwego procesu gotowania. Gotowanie musi trwać, ponieważ głównym jego celem jest wzbudzenie energii. W przyrodzie wszystko ma swój właściwy czas, niczego nie da się przyspieszyć, pójść na skróty. Tylko stosując się do praw Natury, możemy utrzymać zdrowie, bądź osiągnąć trwałe wyleczenie.

Zasada jest prosta: Im dłuższa obróbka termiczna, tym więcej Chi (energii) zawartej w potrawie.

Aby jedzenie spełniało swą odżywczą, czy wręcz leczniczą rolę, musi być przygotowywane na ogniu, w naszych warunkach zazwyczaj na kuchni gazowej. Ogień daje tak potrzebne naszym ciałom ciepło i energię. I co wymyśla człowiek? Kuchenkę elektryczną. Ładne to, estetyczne, no i mamy z głowy problem gazu. Pytanie tylko czy kalkuluje się nam taka zmiana? Przecież Ogień to Życie! Energią przeciwną temu żywiołowi jest Przemiana Wody, a elektryczność i elektronika właśnie z nią jest związana. Otaczamy się coraz częściej tą właśnie energią, mając wokół siebie coraz więcej urządzeń na prąd, emitujących fale elektromagnetyczne: telewizory, komputery, telefony komórkowe, a wraz z nimi całe metry kabli i kabelków, tworzących niezdrowy, przeciwny naszej naturze klimat. Skutkuje to negatywnymi przemianami zachodzącymi w naszych ciałach i głowach - bez energii Ognia, a otoczeni Wodą, stajemy się podatni na choroby, przewrażliwieni, ze skłonnością do depresji, izolujący się od innych, stroniący od okazywania uczuć, nie potrafiący rozmawiać (słowo to Ogień!). Telewizory i gadżety uzależniają nas i nasze dzieci, tracimy energię lub zmienia się ona w zniecierpliwienie i agresję. Skutki są daleko idące i trudne do naprawienia w krótkim czasie. W energii Ognia tkwi klucz do człowieczeństwa i zdrowia. Tam jest empatia, radość, bliskość i... zapach prawdziwego jedzenia.

Na koniec dodam, że tylko pokarm gotowany na ogniu może mieć właściwości w pełni lecznicze. Przygotowany na prądzie, nie ma już takich właściwości lub są one nikłe. Oczywiście ważne są jeszcze emocje i intencje obecne przy tym, ale o tym już mówiłam.

Naczynia

Najlepsze do gotowania na gazie, ogniu są naczynia emaliowane i szklane (żaroodporne). Do przechowywania, picia, jedzenia: szkło, porcelana, kamionka. Natomiast jak ognia unikać należy garnków metalowych, w szczególności aluminiowych - mogą one zmieniać skład chemiczny, zarówno gotowanego jedzenia, jak i napojów ziołowych!

Pięć sposobów przygotowywania żywności

W kuchni Pięciu Przemian wyróżniamy pięć sposobów krojenia produktów i ich obróbki termicznej oraz sposoby konserwacji. Każdej technice odpowiada konkretna pora roku, co nie oznacza oczywiście, że trzeba się temu bezwzględnie i bezkrytycznie podporządkować. Warto jednak przeanalizować i wziąć to pod uwagę, ponieważ sposób krojenia wpływa na walory smakowe oraz na świadomość tego, co robimy w kuchni.

PRZEMIANA DRZEWA - wiosna

Należy kroić jak najmniej, zachowując w jak największym stopniu kształt warzyw. Wiosną w trakcie gotowania wskazane jest mieszanie drewnianą łyżką (element Drzewa). Jako że ta pora roku to małe Yang, a Drzewo i Yang to ruch w górę, podczas gotowania pokrywka musi być uchylona, by energia mogła swobodnie ujść zgodnie ze swym naturalnym kierunkiem. Do tego elementu należy konserwowanie żywności przez kiszenie i poddawanie fermentacji.

PRZEMIANA OGNIA - lato

Kroimy warzywa wzdłuż, tj. w kierunku ich wzrostu. Według reguły Ognia gotować należy długo, na ogniu, szybko i energicznie mieszając. Podobnie jak w przypadku Przemiany Drzewa, latem nie przykrywamy garnka do końca, a nawet można gotować bez pokrywki, ponieważ Lato to duże Yang. Ognistość potrawy podnosi dodanie do gotowanej potrawy alkoholu, np. czerwone wino, lecz to stosujemy dopiero w miesiącach chłodnych, na zasadzie równowagi sił. Ognia, a konkretnie dymu, używa się do wędzenia.

PRZEMIANA ZIEMI - dojo

Kroimy jak najgrubsze i podłużne kawałki, układając warstwowo, jedne na drugich. Preferowana obróbka termiczna to duszenie jedzenie w małej ilości wody, w sosie własnym, pod przykryciem. Aby uzyskać równowagę (a tego symbolem jest Ziemia), należy w trakcie gotowania jak najmniej mieszać, ale wtedy robimy to powoli i delikatnie. W elemencie Ziemi żywność jest kandyzowana, konserwowana w cukrze, słodzie lub miodzie. Można też konserwować w oleju.

PRZEMIANA METALU - jesień

W tym elemencie obieramy warzywa, owoce, jednym ciągiem, w długą spiralną wstęgę lub tak, jakby się strugało ołówek. Gotowanie odbywa się pod ciśnieniem, zgodnie z dośrodkowym ruchem Metalu, np. w szybkowarze. Celem jest wytworzenie i utrzymanie jak największej ilości ciepła ze względu na chłodną porę roku. Konserwowanie odbywa się za pomocą ostrych przypraw lub macerowanie w alkoholu. Ponadto w Przemianie Metalu żywność pasteryzuje się w dokładnie zamkniętych słoikach (wekach).

PRZEMIANA WODY – zima

Kroimy jak najdrobniej, miksujemy lub ubijamy na puree albo robimy papkę (np. zupa-krem, kleik). Gotujemy w dużej ilości wody. Żywność konserwuje się w soli. Jednak zasada jest taka, że technikę Wody stosujemy, nie w odpowiadającej jej zimie (ponieważ nastąpiłby nadmiar Yin), lecz latem, kiedy jest wielkie Yang. Pamiętaj, że dążymy do równowagi. Natomiast zimą stosujemy jangizowanie, zaczerpnięte z technik Ognia (np. dodawanie do gotowanej potrawy alkoholu).

Przechowywanie żywności

Żywność gotowana

Gotowanie jedzenia według Pięciu Przemian ma, obok licznych zalet, jedną niezaprzeczalną cechę: dłużej zachowuje świeżość i dobry smak. To zapewne wynika z zawartego w nim Porządku – zupełnie jak w obrazku złożonym z idealnie dopasowanych puzzli. Często sama byłam zaskoczona, że zupa nawet po trzech, czy czterech dniach była smaczna! Możemy jednak tę świeżość przedłużyć nawet do trzech tygodni. Nie wierzysz? Wspaniały sposób, który praktykuję od dawna, to przechowywanie jedzenia, szczególnie zup, w słoikach. Do gorących, wyparzonych słoików wlej świeżo ugotowaną, gorącą potrawę, następnie mocno zakręć (nie obejdzie się bez rękawic, tudzież ścierek kuchennych), a następnie ostrożnie obróć do góry dnem i gotowe! Po ostygnięciu schowaj do lodówki. Tak spreparowaną żywność możesz trzymać bez obaw do 4 tygodni. Sposób ten sprawdza się najlepiej, kiedy gotuję dwie zupy jednocześnie i do tego, np. gulasz. W ten sposób mam tygodniowy zapas jedzenia i przyrządzam tylko dodatki.

Mrożonki

Można też gotowe jedzenie bądź produkty, np. mięso, zamrażać. Radzę jednak, by robić to rzadko, bowiem niska temperatura jinizuje, ochładza nam żywność, a im dłużej jest ona mrożona, tym bardziej staje się yin. Potem, w procesie gotowania, trudno jest doprowadzić ją do natury neutralnej. Maksymalny okres czasu trzymania jedzenia w zamrażarce to 3 tygodnie!

O ile mrożenie w warunkach domowych jest dopuszczalne, o tyle jedzenie gotowych mrożonek ze sklepu jest wysoce niepolecane ze względu na proces głębokiego mrożenia, który owszem zachowuje witaminy i minerały, ale z punktu widzenia TCM zabija najważniejszą w jedzeniu rzecz: energię. Nie ma w nim życia. Dlatego częste spożywanie mrożonek zawsze doprowadza do zaburzeń w organizmie, gdyż ten nie otrzymuje energii. Jeśli w dodatku produkt taki przygotowujemy na szybko w mikrofalówce, to w gruncie rzeczy zjadamy już tylko chemiczny zlepek. Równie dobrze moglibyśmy jeść styropian. Nie ma więc szans, by się najeść, a na dłuższą metę – by zachować zdrowie.

Jeżeli jednak nie masz wyboru, gotuj mrożonki zawsze pod przykryciem, z dużą ilością przypraw, z rozgrzewającymi dodatkami. Słowem: jangizuj, ile wlezie!

Przykład:

Mrożone pierogi z mięsem

Sklepowe pierogi z mięsem wrzuć do wywaru z:

O – kurkumą, tymiankiem,

Z – kminkiem, olejem,

M – imbirem, pieprzem Cayenne, pieprzem ziołowym,

W – solą

D - bazylią

O - i majerankiem.

Gotuj pod przykryciem kilka minut.

W tym czasie uduś na patelni cebulę z czosnkiem, pieprzem i solą. Pierogi odcedź, odsącz. Następnie wrzuć je na patelnię do uduszonej cebuli, chwilę mieszaj. Do tego zestawu możesz podać kaszę gryczaną.

Tak przyrządzona mrożonka, jeśli jedzona rzadko, nie zaszkodzi, a nawet powinna smakować i zaspokoić skutecznie głód. Najkorzystniej byłoby jeść ją w porze obiadowej, kiedy rządzi Ogień (11-15.00).

Przechowywanie surowców

Aby surowce zachowały jak najdłużej świeżość i jakość, musimy przestrzegać kilku zasad. Kuchnia musi być czysta i często wietrzona. W lodówce utrzymuj temperaturę ok. 4 stopni. Naczynia możesz myć w gorącej wodzie z dodatkiem sody (30 g sody/1 litr wody). To dobra, a na pewno korzystniejsza dla naszego zdrowia, alternatywa, zamiast płynu do mycia naczyń. Do przechowywania surowców żywnościowych nie używamy naczyń żelaznych i miedzianych, odpryśniętych, emaliowanych oraz zardzewiałych. Ryzykowne jest trzymanie jedzenia w pojemnikach plastikowych, szczególnie w przypadku mleka i produktów tłuszczowych. Dopuszczalne są naczynia i puszki z białej blachy. Folia aluminiowa może być, ale na krótko. Jedna ważna uwaga: nie foliujemy produktów fermentowanych!

Przed słońcem i powietrzem chronimy: tłuszcze roślinne i zwierzęce, produkty wysokotłuszczowe (sery, mleko pełne, śmietana), suszone owoce, suszone warzywa. Przechowujemy je w ciemnych pomieszczeniach (spiżarnia itp.), w nieprzezroczystych opakowaniach. Ziemniaki i cebula na światło reagują przyspieszonym kiełkowaniem. Jeśli ziemniaki lub inne warzywa zaczynają zielenieć, wystarczy na jakiś czas zakopać je w ziemi.

Mąki, ziarna i kasze

Przechowujemy je w naczyniach umożliwiających dopływ powietrza, np. w słoikach z dziurkami zrobionymi w zakrętce, workach płóciennych. Ziarna i kasze zawsze przed użyciem płuczemy na sitku, postawionym na garnku, po czym moczymy, by zwiększyć ich strawność i przyspieszyć gotowanie.

Tłuszcze i produkty nabiałowe

Tłuszcze stałe, mleko, śmietanę umieszczamy w przykrytych naczyniach: porcelanowych, kamionkowych, fajansowych, glinianych.

Olej i oliwę przechowujemy w butelkach z ciemnego szkła. Nigdy nie łączymy starego tłuszczu ze świeżym, ponieważ przyspiesza to psucie się produktu.

Jajka trzymamy w lodówce. Znam prosty sposób na sprawdzenie świeżości jajka: zanurzamy je w 10% roztworze soli kuchennej; jeśli idzie na dno – jest dobre, jeśli pływa – nie jest zdatne do spożycia.

Zioła

Wszystkie łąki i pastwiska
Wszystkie góry i pagórki są
Aptekami
Paracelsus

Kuchnia bez ziół i przypraw nie istnieje. Zioła nie tylko nadają smak i aromat potrawom, ale też, o czym nie wszyscy wiedzą, są źródłem cennych dla organizmu witamin i mikroelementów. Nie da się również przecenić ich właściwości polepszających trawienie. Jestem przekonana, że większość współczesnych problemów związanych z przemianą materii (otyłość, niestrawność) bierze się ze zbyt ubogiego doprawiania posiłków. A jeśli już jakieś przyprawy lądują w garnku, to są gotowane za krótko lub wcale (jeśli sypiemy na końcu). Oczywiście lepiej tak, niż wcale, ale...

Musisz wiedzieć, że zioła potrzebują czasu, by uwolniły się z nich olejki eteryczne i substancje wspomagające nasze zdrowie. Temu procesowi służą dwie rzeczy. Po pierwsze, dłuższe gotowanie. Po drugie, ucieranie przypraw/ziół w palcach lub dłoniach – stąd tak zwane „szczypty" powinny być odmierzane dwoma, trzema czy nawet pięcioma palcami (wyjątkiem może być kurkuma, którą lepiej odmierzyć łyżeczką, ponieważ mocno barwi skórę na żółto, oraz inne przyprawy, zawierające mocne pigmenty); zaś „garście" sypiemy na dłoń i pocierając dokładnie drugą dłonią, ucieramy zioła wprost do garnka – tak należy traktować te „grubsze", np. majeranek czy tymianek.

Podstawowe zioła w naszej kuchni, bez których nie sposób się obejść: imbir, kurkuma, pieprz ziołowy, tymianek, cynamon, kminek, majeranek, cząber, bazylia, kozieradka, liść laurowy, ziele angielskie, lubczyk, kolendra.

Wywary z ziół

Kuchnia Pięciu Przemian nie może obejść się bez herbat ziołowych. Napoje ziołowe najlepiej jest gotować, a nie zaparzać, ze względów opisanych wcześniej. Wtedy zyskują na energii. Nie powinno się pić zbyt często wywaru z jednego tylko zioła. Uważam, że krzywdy nie zrobi nam picie pojedynczych ziół, ale każdego dnia innego, np. w poniedziałek odwar z lipy, we wtorek z siemienia lnianego, w środę pokrzywy, a w czwartek wywaru ze skrzypu. Tak postępuję od dawna i polecam to innym.

Natomiast zupełnie bezpieczne jest picie herbat kilkuskładnikowych. Według tradycji medycyny chińskiej tych składników powinna być nieparzysta liczba, a zatem: trzy, pięć, siedem, dziewięć, jedenaście. Także w książce ojca Klimuszki „Wróćmy do ziół", którą serdecznie polecam, są lecznicze mieszanki ziołowe, zawsze w nieparzystym składzie, zazwyczaj od siedmiu do jedenastu.

W dziale „Napoje" znajdziesz przepisy herbatki codzienne, które, jak nazwa wskazuje, można pić bez ograniczeń, a wedle potrzeb.

Zioła, które warto pić, szczególnie w mieszankach: lukrecja, macierzanka, pokrzywa, anyż, rozmaryn, lipa, hyzop, mięta, nagietek, melisa, szałwia, skrzyp, głóg.

Przyjmowanie pokarmu

Według medycyny chińskiej, i w ogóle wedle filozofii Wschodu, aby w pełni korzystać z podanej strawy (czy z życia po prostu), należy być tu i teraz. Co to oznacza? Jeśli jesz, to jedz. Nie czytaj, nie oglądaj telewizji, bo nie będziesz miał pojęcia, co zjadasz i nie poczujesz smaku. Należy koncentrować się na jedzeniu, jeść powoli, delektując się smakiem. Nigdy się nie spiesz i nie ponaglaj przy jedzeniu innych, a szczególnie dzieci. U najmłodszych warto zaszczepić zwyczaj jedzenia w skupieniu i powoli, bez zbędnego „towarzystwa" bajek czy programów telewizyjnych.

Ważna zasada: dokładnie gryź! Specjaliści ze Wschodu zalecają, by „jedzenie pić, a płyny jeść", co oznacza, że jeden kęs należy żuć tak długo, nawet 50 razy, aż stanie się płynem. Zaś płyny tak dokładnie mieszać ze śliną, jakby to był pokarm stały. Zasada dokładnego przeżuwania dotyczy szczególnie węglowodanów, tj. zbóż, pieczywa, kasz. Potwierdza to też zachodnia dietetyka. Węglowodany złożone tylko wtedy będą dobrze strawione, kiedy zostaną dokładnie zmieszane ze śliną, ponieważ ta zawiera potrzebny do tego enzym – ptialinę. Z tego też powodu dzieci do lat trzech, u których nawyk dokładnego żucia dopiero się wyrabia, powinny jeść jak najmniej pieczywa.

VI. Nauka gotowania

... czyli od słów do czynów!

Tak, jak kompozytor stwarza z nut i znaków muzycznych melodię, jak malarz farbą i pędzlem buduje kompozycję na obrazie, tak Ty dobierając smaki, równoważąc je ze sobą oraz krojąc składniki w dowolne kształty, komponujesz potrawę. Warto zapamiętać:

- D - Drzewo - smak kwaśny
- O - Ogień - smak gorzki
- Z - Ziemia - smak słodki
- M - Metal - smak ostry
- W - Woda - smak słony

Jajecznicowe wariacje

Zacznę od łatwej i wszystkim znanej potrawy, aby przejrzyście ukazać, o co chodzi w komponowaniu owych smaków.

Jajecznica – przepis podstawowy

Z (Ziemia, słodki) - Rozpuszczamy łyżeczkę masła, dodajemy jajka,

M (Metal, ostry) - pieprzymy,

W (Woda, słony) - solimy, chwilę mieszamy na małym ogniu,

D (Drzewo, kwaśny) - dodajemy odrobinę koncentratu pomidorowego lub kilka kropli cytryny,

O (Ogień, gorzki) - szczyptę kurkumy.

Kurkumy naprawdę powinna być szczypta, dosłownie na czubku noża. A smak kwaśny musi być zawsze, ponieważ wspomaga przyswajanie zawartego w jajku żelaza oraz przełamuje jego słodki smak.

Jeśli nie dodałeś kwaśnego w jajecznicy, możesz dołączyć go w postaci dodatku, jakim jest chleb pszenny, a najlepiej pszenno-żytni.

Jajecznica z pomidorami

Teraz kolejna propozycja. Jeśli ktoś nie lubi ketchupu bądź koncentratu, może wykonać inny wariant jajecznicy tzn. z pomidorami. Tu jednak, ponieważ pomidor jest mocno wychładzający, obok pieprzu, dodamy jeszcze imbir i pieprz ziołowy oraz bazylię, bo ta z pomidorem współgra smakowo. A najlepiej będzie, jak najpierw owego pomidora poddusimy. A zatem:

Z - Roztapiamy masło i odrobinę oliwy z oliwek,

M - dodajemy pieprz

W - i sól,

D - pokrojony pomidor chwilę dusimy, dodajemy szczyptę bazylii,

O - kurkumę,

Z - wbijamy jajka,

M - dodajemy imbir, pieprz ziołowy - po szczypcie

W - oraz sól do smaku.

Jajecznica na boczku / kiełbasie

Trzeci jajecznicowy wariant. Mięso wieprzowe, jak już wspominałam, ma naturę chłodną i ciężką, dlatego musi być zestawione z cebulą i ostrymi przyprawami, odpowiednio długo duszone.

W - Mięso drobno pokrojone wytapiamy na patelni, najpierw na sporym, po chwili na małym ogniu,

D – dodajemy poszatkowaną bazylię,

O – ciut kurkumy,

Z – podlewamy odrobiną oleju, dusimy,

M – po czym dodajemy poszatkowaną cebulkę, dodajemy pieprzu czarnego i imbiru, ciut chili,

W – solimy, znów dusimy,

D – skrapiamy paroma kroplami cytryny,

O – dodajemy ciut kozieradki,

Z – wlewamy jajka, mieszamy,

M – doprawiając do smaku pieprzem

W – i ewentualnie solą.

Jajecznica z pieczarkami/grzybami

I ostatni przykład. Sprawa jest podobna, jak poprzednio, ponieważ w roli głównej, obok jajek, występuje składnik chłodzący w smaku słonym (pieczarki), ale zdecydowanie lżejszego kalibru niż mięso. Długo więc dusimy, zanim wrzucimy jajka. Tu, jako równoważnik proponuję czosnek (lub cebulę, jak w poprzednim przepisie).

Z – Na oliwę z kawałkiem roztopionego masła

M – wrzucamy przynajmniej jeden wyciśnięty ząbek czosnku, dodajemy pieprz, chwilę mieszamy,

W – wrzucamy pokrojone pieczarki

D – i dodajemy małą ilość poszatkowanej drobniutko natki pietruszki i kilka kropli soku z cytryny.

Smażymy chwilkę na ostrym ogniu, żeby się wszystko zarumieniło, nabrało smaku i aromatu. Zmniejszamy ogień do minimum i dusimy pod przykryciem, czasem mieszając, po czym

Z – wbijamy jajka, mieszamy powoli,

M – pieprzymy, dodajemy szczyptę imbiru, pieprzu Cayenne na czubku noża (równoważymy w ten sposób smak słodki i chłodną naturę grzybów),

W – solimy, jeśli jest taka potrzeba.

Zupy

Zupy od zawsze królowały na polskich stołach. Są bardzo ważnym elementem codziennych posiłków. Są też bardzo zdrowe, ponieważ wszystkie potrzebne witaminy pozostają w wywarze, a długo gotowana zupa to prawdziwy eliksir energii Chi! Zupa to napój i pokarm stały w jednym. Dla małych dzieci, matek karmiących piersią i osób starszych jest niezbędna! Również trawienie zupy jest łatwiejsze niż innych, gęstszych posiłków. W zasadzie same zalety. Osoby starsze, chorzy, rekonwalescenci oraz małe dzieci, powinni jeść zupy miksowane, wówczas przyswajanie zawartych w potrawie mikroelementów i witamin jest maksymalne.

Jako że żyjemy w zmiennym klimacie, nasze zupy powinny często być gotowane na mięsie jesienią i zimą, aby były energetyczne i ogrzewające oraz na maśle lub oliwie w miesiącach cieplejszych. Częstotliwość używania mięsa powinna też być dostosowana do konstytucji ciała. Osoby, które szybko marzną, mają mało energii, powinny jeść częściej zupy na mięsie, niż osobnicy energiczni, mający skłonności do przegrzewania się.

Rodzaj mięsa dobieramy w zależności od głównych składników zupy. Zupy słodkie (np. dyniowa, marchewkowa, grochówka, itd.) powinny być gotowane na kurczaku, indyku lub w ostateczności na wieprzowinie. Zupy ostre (np. porowa, krupnik jęczmienny) gotujmy na wołowinie, cielęcinie, ewentualnie gołębiu czy wieprzowinie.

Chodzi o przełamywanie smaku głównego. Nie gotuj słodkich zup na słodkim mięsie, słonych na słonym, a kwaśnych na mięsie kwaśnym, ponieważ stworzysz nadmiar smakowy. Pamiętaj, że każda kwaśna zupa zawsze będzie ochładzająca, dlatego nie należy gotować jej na mięsie o naturze Yin.

Zupy kwaśne

Jeśli chcesz ugotować naprawdę zrównoważoną kwaśną zupę, musisz przestawić się i otworzyć na zupełnie inne możliwości smakowe. Tradycyjna pomidorówka (a także żurek, szczawiowa, kapuśniak itd.) to potrawa bardzo silnie niezrównoważona, gdyż zawiera nadmiar smaku kwaśnego, a ten musi być użyty akuratnie i pod kontrolą.

Teraz dowiesz się, dlaczego już nie gotuję zupy pomidorowej (ani żadnej innej kwaśnej) na kurczaku. Przeanalizujmy poniższy przepis. W nawiasie oznaczyłam odpowiednio naturę składników (Yin - lub Yang +). Jest to nieprawidłowo, lecz jakże klasycznie, ugotowana zupa pomidorowa:

W - zimna woda

D - kurczak (-)

(ta kolejność jest prawidłowa, jednak często nieświadomie ją przestawiamy; w ten sposób już na starcie tworzymy cykl niszczący: Drzewo wpadając do Wody, gnije...)

Wstawiamy, gotujemy.

Do wrzącego wywaru najczęściej wrzuca się:

W - kostkę rosołową (znów cofamy się w cyklu...) (-)

Potem do garnka wędrują w dowolnej kolejności:

Z - 1 marchew (+), 1 pietruszka-korzeń (+)

M - kawałek selera (-)

W - sól i Vegeta.

(Powyższa kolejność jest prawidłowa)

Następnie najpierw solimy, potem pieprzymy, co jest cofnięciem się w cyklu. Widzisz więc, jak wiele razy przeciętna gospodyni domowa porusza się w destrukcyjnym obiegu energetycznym. Ale na tym błędów nie koniec!

Potem wyjmuje się jarzyny i wlewa

D - koncentrat lub przecier pomidorowy (–)

Na koniec zaś

D - śmietanę (–)

I spożywa się gotową zupę z

D - makaronem (–).

Podsumujmy zatem:

Ziemia: marchew, pietruszka

Metal: tylko seler i pieprz

Woda: sól

Drzewo: aż cztery składniki: kurczak, pomidory, śmietana, makaron.

Ogień: brak!

Wnioski:

- Brak jednego smaku - gorzkiego (Ognia).
- Nadmiar smaku kwaśnego.
- Zdecydowanie za mało ostrego; kwaśne potrawy powinny zawierać sporą dawkę pikanterii, aby Yang zrównoważyło Yin i aby Metal mógł kontrolować Drzewo. Musi być też więcej smaku słodkiego, czyli kilka marchewek, 1-2 pietruszki.
- Przewaga składników Yin (–), wychładzających, nad Yang (+), ogrzewającymi. Taka zupa daje nam ciepło, tylko dopóki ją zjadamy.
- Składniki wrzucane są zazwyczaj w złej kolejności.

- Naganne jest użycie kostki rosołowej. Lepiej już zrobić taką zupę na maśle świeżym lub sklarowanym, jeśli nie mamy dostępu do mięsa.
- Nie polecam stosowania Vegety. Sama jej używałam jeszcze 2 lata temu, co prawda w małych ilościach, ale nabywając wiedzy i doświadczenia upewniłam się, że jest ona w kuchni całkiem zbędna. Można użyć suszonych warzyw z solą, bez dodatków chemicznych typu glutaminian sodu, są do kupienia na rynku, ale nie jest to konieczne.

Po analizie, przystępujemy do wykonania zupy pomidorowej w sposób prawidłowy, krok po kroku, według poniższego pomysłu.

Zupa pomidorowa inaczej

Jako bazę można użyć rosołu, ale bez kurczaka czy kaczki, najlepiej wołowo-indyczego. Jeśli nie mamy rosołu, najlepsze będzie słodkie mięso Yang: cielęcina lub wołowina.

O – Do 3 litrów wrzątku wsyp po szczypcie tymianku i kurkumy,

Z – włóż wołowinę z kością i dodaj szczyptę kminku mielonego.

Mięso ma gotować się dość długo, ponieważ podnosi to energię Chi zupy. Poza tym wołowina należy do mięs twardych, więc obróbka termiczna musi być tu dłuższa niż w przypadku indyka czy kurczaka.

Gotujemy więc mięso ok. 1 godziny.

Z – Następnie wkładamy obrane i pokrojone: 3 marchewki, 1 korzeń pietruszki,

M – 1 liść laurowy, 2 ziarna ziela angielskiego, 1 drobno pokrojona cebula, 4-5 wyciśniętych ząbków czosnku, pół łyżeczki imbiru, po 3 łyżki (uprzednio umytego na sitku) ryżu białego i brązowego,

W – sól do smaku.

Gotujemy do miękkości warzyw i ryżu - 2-3 kwadranse - pod częściowym lub całkowitym przykryciem, w zależności od pory roku.

W - Po czym próbujemy i ewentualnie doprawiamy solą do smaku,

D - następnie wlewamy ok. pół litra przecieru pomidorowego lub koncentratu zmieszanego z zimną wodą, cały czas smakując i mieszając, próbujemy czy nie za kwaśne, chwilę gotujemy, pozwalając, by składniki zupy się ze sobą scaliły,

O - dodajemy szczyptę kozieradki, znów próbujemy,

Z - dodajemy kilka kropli oliwy z oliwek,

M - i na koniec dodajemy ostre przyprawy - tak, aby były wyczuwalne w smaku: pieprz czarny, ziołowy, Cayenne - na czubku łyżeczki.

Znów próbujemy i ewentualnie solimy do smaku. Unikamy jednak kończenia pomidorowej na smaku słonym, ponieważ ostatni powinien być smak ostry, który ma całą potrawę „trzymać" w równowadze (Metal kontroluje/tnie Drzewo). Można podawać taką zupę ze słodką śmietanką, już na talerzu, ale w małej ilości i zaraz po niej znów dodaj pieprzu.

Jak widzisz, pod koniec należy dość często potrawę próbować. Sprawdzamy w ten sposób jak każdorazowo dodana przyprawa, czy dodany składnik, komponuje się z resztą i co wnosi do potrawy. Smaki powinny być wyczuwalne każdy z osobna i jednocześnie razem, jako zrównoważona kompozycja. Jeśli masz wrażenie, że ogólny smak jest zbyt mdły, zrób jeszcze jedno kółko smaków, zdając się na intuicję. Praktyka czyni mistrza!

I tak oto, miły Czytelniku, dotarliśmy do końca naszej wędrówki. Przed Tobą przepisy. W pierwszym wydaniu nie było ich wiele, teraz publikacja jest znacznie w tej materii poszerzona - na prośbę Czytelników i według mojego osobistego odczucia, że jednak powinno być ich więcej i w nieco innym ustawieniu niż w wydaniu pierwszym. Natomiast głównym celem tej książki było takie przedstawienie Ci zasad tworzenia zrównoważonych posiłków, byś bez trudu mógł robić to sam. Dlatego opracowałam przejrzysty i logiczny system sześciu kroków, które już poznałeś, a które teraz czas wykorzystać w praktyce.

Poniższe przepisy mają być dla Ciebie inspiracją do tworzcnia własnych dzieł kulinarnych, bazą, punktem wyjścia. Pomocne będę tabelki smaków i natury produktów, umieszczone na końcu książki. Gotując, używaj zarówno logiki (Yang), jak i intuicji (Yin). Ufaj sobie, lecz nie zaniedbuj uczenia się.

Powodzenia

VII. Przepisy

Źródła przepisów w rozdziale VI i VII: autorka

Z wyjątkiem:

- źródło przepisów: Internet, modyfikacja: autorka
  Naleśniki staropolskie z nadzieniem, Placek po zbójnicku, Pasta ze słonecznika, Pasztet z soczewicy, Pasztet z soczewicy, Chleb drożdżowy, Ciasto marchewkowe.

- źródło przepisów: „Makrobiotyka...” S. Pietyr-Rufin, modyfikacja: autorka.
  Kotlety jaglane, Chleb domowy na zakwasie.

- źródło przepisów: tradycyjne lub rodzinne, modyfikacja: autorka
  Staropolskie zrazy wołowe, Bigos staropolski, Pasztet mięsny, Jabłecznik Dominiki, Piernik, Faworki, Kutia pszeniczna z bakaliami, Ogórki kiszone, Dynia w occie, Dżem owocowy.

ZUPY

Owsianka miksowana

Jest to owsianka bezmleczna, jako że mleko słodkie pasteryzowane (kupne) jest produktem przeze mnie niepolecanym (patrz „Skorowidz"). Jeśli jednak jest dostęp do mleka wiejskiego, świeżego, wówczas można je dodać zamiast ¼ wody, w przemianie Ziemi (czyli tutaj: ½ litra), przy czym radzę wtedy zwiększyć ilość przypraw ostrych.

M – 8 łyżek płatków owsianych przed użyciem opłucz na sitku chłodną wodą,

W – po czym w umieść w większej misce, zalewając 2 litrami zimnej wody,

D – dodaj parę kropli soku z cytryny lub żurku.

Odstaw na 2-3 kwadranse. W ten sposób owies będzie lżej strawny.

Po czym postaw na ogniu, doprowadź do wrzenia.

O – wsyp ¼ łyżeczki kurkumy,

Z – ½ łyżeczki masła, 4 łyżki kaszki kukurydzianej, ½ łyżeczki cynamonu,

M – ¼ łyżeczki kardamonu, ⅓ łyżeczki imbiru,

W – 1-2 łyżeczki soli (do smaku)

Gotuj ok. 30 minut, mieszając drewnianą łyżką. Pilnuj, by nie przywarło. Następnie zmiksuj blenderem. Gotując dalej, dodaj:

D – 1-2 łyżeczki soku z cytryny (do smaku)

O – szczyptę kurkumy,

Z – 1-2 łyżki miodu,

M – szczyptę imbiru.

Do takiej zmiksowanej owsianki możesz wrzucić namoczone wcześniej rodzynki, pestki, kawałki owoców lub dżem własnej roboty.

Owsianka z suszem

Sparz i namocz w chłodnej wodzie (20 minut) po 1 garści: rodzynek i śliwek suszonych razem i osobno garść żurawin.

Ok. 15 łyżek płatków owsianych zalej 2 litrami wody (jak w poprzednim przepisie) i zagotuj.

O – Na gotującą wodę z płatkami wsyp szczyptę kurkumy (ok. ¼ łyżeczki),

Z/M – dodaj ½ łyżeczki masła lub oliwki, ½ łyżeczki cynamonu, gotuj 10 minut, po czym dorzuć rodzynki i śliwki, dodaj ½ łyżeczki imbiru,

W – 1 płaską łyżkę soli, gotuj kolejne 10 minut, spróbuj na słoność, dosól, jeśli trzeba

D – i dorzuć żurawinę.

Gotuj wszystko kolejne 10 minut, po czym dopraw sokiem z cytryny (ok. 2 łyżeczki),

O – jeśli owsianka w jest w Twoim uznaniu za gęsta, rozcieńcz ją odpowiednią ilością wrzątku, zakończ kurkumą na czubku noża.

Krupnik jaglany

Do garnka 3,5-4 litrowego włóż skrzydło (lub szyję) z indyka, zalej zimną wodą do ok. ⅔ wysokości, zagotuj.

O - Do wrzątku z mięsem wsyp po dużej szczypcie tymianku i kurkumy,

Z - dodaj kminku, 6-8 łyżek kaszy jaglanej,

M - pieprzu czarnego i ziołowego, 1 duży liść laurowy, 3 ziarenka ziela angielskiego,

W - 1-2 łyżki soli morskiej lub kamiennej,

D - szczyptę bazylii,

O - szczyptę majeranku.

Gotuj ok. 40 min.

Następnie dodaj pokrojone jarzyny:

Z - 2 średnie marchewki, 5-6 ziemniaków, 1 średnią pietruszkę w korzeniu, szczyptę kminku,

M - 1 pokrojoną drobno cebulę, kawałek skrojonego pora, 2-3 łyżki skrojonej drobno kapusty, 4-5 ząbków czosnku, pieprz do smaku, pieprzu Cayenne na czubku noża, ½ łyżeczki cząbru,

W - sól do smaku (zacznij od 1 pełnej łyżki).

Gdy wywar zacznie pachnieć, spróbuj na słoność i dodaj soli (jeśli trzeba), gotuj jeszcze 5 minut i znów spróbuj.

D - Wrzuć garść koperku lub pokrojonej zielonej pietruszki, dodaj 2-3 łyżki soku z cytryny (spróbuj!),

O - po czym dodaj jeszcze szczyptę kurkumy, ewentualnie wrzątek do uzupełnienia wody w zupie, jeśli jest za gęsta,

Z - trochę słodkiej papryki

M - i czarnego pieprzu na koniec.

Krupnik jęczmienny

Do garnka 3,5 4 litrowego wlej zimnej wody (W), włóż 1-2 skrzydełka kurczaka (D). Zagotuj.

O – Do wrzątku z mięsem wsyp po dużej szczypcie tymianku i kurkumy,

Z – dodaj ½ łyżeczki masła, ½ łyżeczki kminku,

M – 6-8 łyżek kaszy jęczmiennej, pieprzu czarnego i ziołowego, 1 liść laurowy, 2 ziarenka ziela angielskiego, kawałek pokrojonej kalarepy,

W – 1-2 łyżki soli morskiej lub kamiennej,

D – szczyptę bazylii,

O – szczyptę kozieradki.

Gotuj ½ godziny.

Następnie dodaj pokrojone jarzyny:

Z – 3 średnie marchewki, 6-7 ziemniaków, 1 duży korzeń pietruszki,

M – 2 pokrojone drobno cebule, 3-4 wyciśnięte ząbki czosnku, pieprz do smaku, szczyptę chili, szczyptę kolendry,

W – sól do smaku.

Gdy wywar zacznie pachnieć, spróbuj na słoność, dodaj soli jeśli trzeba, gotuj jeszcze 5 minut i znów spróbuj.

D – Wrzuć garść pokrojonej zieleniny (koperek, natka pietruszki lub inna), dodaj 2-3 łyżki soku z cytryny (próbuj po każdej łyżce, robiąc przerwy),

O – po czym dodaj jeszcze szczyptę kurkumy, wrzątek – jeśli zupa jest za gęsta.

Krupnik gryczany na gęsi

O - Na 4 litry gotującego wrzątku wrzuć dużą szczypta tymianku,

Z - ok. 40 dag gęsiny (ewentualnie cielęciny z kością), dużą szczypta kminku mielonego,

M - szczypta imbiru, 3 ziela angielskie, liść laurowy,

W - 1,5 łyżki soli.

Gotuj ok. 45 minut.

D - Dodaj 2 łyżki poszatkowanej zieleniny (natka pietruszki lub marchewki, koperek), szczyptę bazylii,

O - szczyptę kurkumy, 4 łyżki kaszy gryczanej,

Z - 2 średnie pokrojone marchewki, 1 pokrojoną pietruszkę w korzeniu, 10-12 ziemniaków w kostkach,

M - 2 pokrojone cebule, ½ startego średniego selera, szczyptę chili,

W - sól do smaku.

Gotuj do miękkości, po czym dodaj:

D - ok. 2 łyżki soku z cytryny,

O - szczyptę majeranku,

Z - trochę oliwy z oliwek lub masło,

M - szczyptę pieprzu czarnego,

W - ewentualnie soli do smaku.

Rosół

M – Do 4-5-litrowego garnka włóż duże skrzydło z indyka,

W – zalej wodą,

D – włóż 2 skrzydełka kurczaka,

O – dodaj dużą szczyptę rozmarynu i gałązkę lubczyku,

Z – włóż kawałek wołowiny lub cielęciny z kością, postaw na sporym ogniu. Po zagotowaniu zmniejsz do minimum, gotuj 3-5 godzin, w zależności od czasu.

Weź 2 cebule, nabij na widelce i chwilę opiekaj nad ogniem, aby skórka mocno się zarumieniła.

Z – Do mięsnego wywaru wrzuć 1 łyżeczkę kminku mielonego, 3 przepołowione marchewki, 1 korzeń pietruszki,

M – 2 opieczone cebule, kolejne 2 surowe, 5 ząbków czosnku, 2 liście laurowe, 3 ziarna ziela angielskiego, ½ łyżeczki imbiru, pieprz czarny w ziarnach (3-4 sztuki) i mielony,

W – 3 suszone grzybki, sól do smaku (zacznij od 2 łyżek),

D – szczyptę bazylii,

O – szczyptę majeranku.

Gotuj na małym ogniu pod przykryciem jeszcze 1 godzinę.

Z – Po czym dopraw słodką papryką,

M – pieprzem

W – i solą.

Gotuj kwadrans.

Wieczorem wyjmij jarzyny i mięso. Jarzyny użyj do sałatki (patrz: przepis), a mięso zjedz z chrzanem i musztardą lub zmiel i sporządź farsz (patrz: przepis) do naleśników, pierogów lub chleba. Rosół podawaj z makaronem jajecznym, lanymi kluskami lub ziemniakami.

Żurek

Pokrój w kostkę 10-20 dag wędzonego boczku i wytop na patelni do zarumienienia, bez dodatkowego tłuszczu. Boczek jako wieprzowina ma smak słony (Woda), ale po uwędzeniu traktowany jest jak gorzki (Ogień).

O - Do 3,5-4 litrów wrzącej wody wsyp szczyptę kurkumy, kawałki wytopionego boczku,

Z - włóż wołowinę lub cielęcinę z kością, dodaj ½ łyżeczki kminku mielonego

Gotuj około 1 godziny.

Po czym dodawaj do wywaru:

Z - całe 4 marchewki, 1 pietruszkę w korzeniu,

M - całe 3 cebule, 5-6 przepołowionych ząbków czosnku, dopraw imbirem, pieprzem ziołowym, pieprzem czarnym, wrzuć liść laurowy, 3 ziarenka ziela angielskiego,

W - sól do smaku (zacznij od 1 łyżki soli).

Gotuj zupę do miękkości jarzyn, po czym wyjmij je razem z mięsem.

D - Następnie wlej żurek w dowolnej ilości,

O - garść otartego majeranku,

Z - ⅓ szklanki słodkiej śmietany,

M - dodaj pieprzu do smaku.

Żurek jako kwaśna zupa powinien być choć trochę ostry.

Podawaj z jajkami na twardo, ziemniakami i ewentualnie gotowaną kiełbasą.

Kiełbasę ugotuj osobno we wrzątku z kurkumą, pieprzem ziołowym i imbirem.

Zupa pomidorowa na maśle

7 8 bardzo dojrzałych pomidorów (D) zalej wrzątkiem, po chwili obierz ze skórki, pokrój na grubsze kawałki, wrzuć na patelnię z roztopionym masłem (2 łyżki) i oliwą (1 łyżka), usmaż.

O - Na 3,5-4 litra wrzącej wody z kurkumą

Z - wrzuć 2 marchewki pokrojone na grube kawałki, ½ łyżeczki kminku mielonego,

M - 1 dużą cebulę przekrojoną na cztery części, 5-6 całych ząbków czosnku, pieprzu czarnego do smaku, szczyptę imbiru,

W - 1 łyżkę soli.

Gotuj ½ godziny.

D - Wlej do zupy pomidory z patelni, zamieszaj, chwilę gotuj, po czym zmiksuj wszystko blenderem, dodaj bazylii, możesz doprawić koncentratem pomidorowym, jeśli jest taka potrzeba,

O - dodaj szczyptę oregano,

Z - ½ łyżeczki słodkiej papryki,

M - pieprzu Cayenne na czubku noża,

W - soli do smaku.

Gotuj jeszcze 15 minut.

Zupę podawaj z ziemniakami lub ryżem. Jeśli chcesz dodać śmietany, to na talerzu i niech będzie to raczej słodka niż kwaśna.

Latem można zjeść ją z dobrym makaronem jajecznym.

Zupa ogórkowa

O - Do 3-3,5 litra wrzącej wody dodaj ⅓ łyżeczki kurkumy, sporą szczyptę tymianku,

Z - kawałek wołowiny z kością, ½ łyżeczki kminku mielonego, 2 łyżki kaszki kukurydzianej,

M - 1 duży liść laurowy, 2 ziarna ziela angielskiego,

W - 1 łyżkę soli.

Gotuj ok. 40 minut.

D - Dodaj ½ pęczka posiekanej drobno natki pietruszki, szczyptę bazylii,

O - szczyptę suszonego lubczyku,

Z - 10-12 pokrojonych w kostkę ziemniaków, 2 pokrojone marchewki, 1 pokrojony korzeń pietruszki,

M - pieprzu czarnego

W - i soli do smaku.

Z - Na rozgrzany olej na patelni

M - wrzuć 3 poszatkowane cebule, dodaj 3 wyciśnięte ząbki czosnku,

W - posól, podsmażaj do zrumienienia, dodaj do zupy, gotuj razem 15-20 minut,

D - dodaj 4-5 sztuk startych ogórków kiszonych,

O - dodaj szczyptę kozieradki,

Z - ½ łyżeczki masła,

M - pieprzu do smaku.

Jeśli zupa wyszła zbyt kwaśna, możesz dodać słodkiej śmietanki. Jeśli jest za słona, wrzuć do zupy 1 obranego całego ziemniaka, po czym wyjmij go po 30 minutach.

Zupa cebulowa

O – Na 3,5-4 litry wrzątku wrzuć ½ łyżeczki tymianku, szczyptę kurkumy,

Z – 1 łyżeczkę kminku mielonego,

M – część z indyka (małe skrzydło lub szyję).

Gotuj ok. 45 minut, aż mięso zmięknie.

W tym czasie zrób cebulową zasmażkę:

Z – na 3 łyżkach masła z dodatkiem oliwy

M – zrumień 9-10 cebul z pieprzem,

W – posól,

D – i kiedy cebula nabierze koloru złocistego, oprósz ją łyżką mąki pszennej i mieszając,

O – dodaj szczyptę kurkumy

Z – i mielonego kminku.

Wrzuć gotową zasmażkę do wywaru po godzinie od zagotowania mięsa,

M – dodaj ½ łyżeczki imbiru, szczyptę białego pieprzu

W – i sól do smaku.

Gotuj jeszcze ½ godziny. Następnie wyjmij mięso i zmiksuj zupę.

D – Dodaj 2 kieliszki wytrawnego białego wina (możesz zastąpić je sokiem z cytryny lub octem jabłkowym),

O – wrzuć garść majeranku,

Z – szczyptę słodkiej papryki

M – pieprze do smaku (zupa powinna być ostra).

Zupę tę z powodzeniem możesz zrobić na maśle, szczególnie w porze wiosenno-letniej, wówczas dajesz 1 łyżeczkę masła w Przemianie Ziemi. Reszta masła jest wykorzystana do duszenia cebuli. Gotujesz krótko.

Do zupy robimy grzanki, krojąc w kwadraciki chleb i smażąc na niewielkiej ilości masła. Można też jeść czerstwy chleb z masłem i białym serem.

Zupa dyniowa

1 kg dyni pokrój w gruba kostkę, porcjami podsmażaj na głębokim oleju i odkładaj na cedzak stojący na misce.

M – Do garnka włóż skrzydło z indyka,

W – zalej zimną wodą (3-3,5 litra), doprowadź do wrzenia, gotuj ok. 45 minut.

O – Do wrzątku dodaj 1 łyżeczkę tymianku,

Z – ½ łyżeczki kminku mielonego, 3 przekrojone wzdłuż marchewki, 2 przekrojone pietruszki w korzeniu,

M – 1 łyżeczkę imbiru, szczyptę kolendry, 2 białe części z porów, 2 cebule czosnkowe (białe), 5-6 dużych wyciśniętych ząbków czosnku, pieprzu Cayenne na czubku łyżeczki,

W – sól do smaku (zacznij od 1 łyżki, smakuj po 10 minutach).

Gotuj do miękkości warzyw (30-40 minut), wyjmij indyka, pietruszkę i marchew. Ja dla kolorytu zupy zostawiam w niej jedną połówkę marchewki.

D – Dodaj 1-2 łyżki cytryny (spróbuj),

O – 1 łyżeczkę kurkumy,

Z – podsmażoną dynię.

Gotuj 20-30 minut.

M – posyp czarnym pieprzem,

W – zmiksuj całość, w razie potrzeby dosól do smaku.

Wyjęte z zupy mięso i warzywa można zmielić i doprawić pięcioma smakami jako nadzienie do naleśników.

Barszcz czerwony z fasolą

100 g białej fasoli ugotuj tak, jak w przepisie podstawowym.

Pokrój i zrumień na oleju 1 dużą cebulę.

O - Na 3,5-4 litry wrzątku wsyp ⅓ łyżeczki kurkumy,

Z - włóż kawałek wołowiny z kością, dodaj szczyptę kminku mielonego,

M - ½ łyżeczki cząbru, 2-3 ziarna ziela angielskiego, 1 liść laurowy,

W - 1 łyżkę soli, 3-4 grzybki suszone.

Gotuj ok. 50 minut.

D - Dodaj szczyptę bazylii,

O - kozieradki,

Z - 5-6 średnich buraków w dużych kawałkach, 6-8 ziemniaków pokrojonych w kostkę, 2 starte marchewki, 1 korzeń pietruszki pokrojony w kostkę, obsmażoną cebulę,

M - kawałek kapusty włoskiej cienko skrojonej (200-250 g), 4-5 wyciśniętych ząbków czosnku, szczyptę gałki muszkatołowej, ⅓ łyżeczki chili, pieprzu czarnego do smaku,

W - posól do smaku, gotuj do miękkości warzyw.

D - Dodaj 1 łyżkę drobno poszatkowanej natki pietruszki, 1-2 łyżki soku z cytryny (do smaku),

O - garść majeranku,

Z - 1 łyżeczkę masła.

Możesz podawać ze śmietaną słodką, ewentualnie kwaśną.

Potrawy wegetariańskie

Energetyczne musli

Przygotuj:

- 100 g migdałów,
- 100 g rodzynek,
- 100 g słonecznika łuskanego,
- 200 g pestek z dyni,
- 200 g orzechów włoskich,
- 100 g płatków owsianych,
- duża miskę (szklaną lub ceramiczną),
- litrowy słoik.

Na suchą, postawioną na malutkim ogniu, patelnię wsyp

Z - słonecznik i mieszaj, dopóki delikatnie nie zarumieni się na złotobrązowy kolor. Podprażanie trwa ok. 5 min. Gotowy wsyp do miski.

Następnie podpraż kolejno: pestki dyni, orzechy i migdały, po 2-3 min. Wsyp do miski.

Rodzynki opłucz i przelej gorącą wodą na sitku. Odsącz i wrzuć na patelnię na ½ minuty, szybko mieszając, żeby nie przywarły.

M - wrzuć na patelnię płatki owsiane i podprażaj 5 min.

Kiedy musli ostygnie w misce, przesyp je do słoika, zakręć, a w wieczku zrób jedną dziurkę.

Takie musli nadaje się do gotowania samodzielnego lub z owocami, miodem i przyprawami korzennymi, do jedzenia na sucho z jogurtem. Najlepsze jest na śniadanie i podwieczorek - po gotowanej kawce.

Mieszanka bakaliowa z kefirem

D Wlej do miseczki kefir, ewentualnie jogurt naturalny,

O – dodaj szczyptę kurkumy,

Z – wsyp dowolne bakalie, np. prażone ziarno słonecznika, pestki dyni, kawałki migdałów i orzechów brazylijskich oraz suszone owoce (rodzynki, śliwki itd.), ½ łyżeczki miodu (niekoniecznie), cynamon,

M imbir, szczyptę chili.

Zamieszaj, odstaw na 30-60 minut i zjedz, najlepiej do południa.

Omlet podstawowy

Z – Roztrzep widelcem 2-3 jajka, dodaj:

M – pieprz, pieprz ziołowy,

W – sól, 2-3 łyżki wody

D – 1-2 łyżki mąki pszennej,

O – szczyptę kurkumy.

Rozbełtane jajka wlej na patelnię.

Smaż na maśle z olejem, podawaj sam lub z koncentratem pomidorowym.

Omlet z marchewką

Z - Do miseczki wbij 2-3 całe jajka, dokładnie rozbełtaj widelcem lub ubijaczką, dodaj połowę drobno utartej marchewki, szczyptę cynamonu,

M - dodaj po szczypcie imbiru i czarnuszki,

W - sól do smaku, 1 łyżkę wody,

D - 2-2,5 łyżeczki mąki pszennej, 1 łyżeczkę soku z cytryny,

O - szczyptę kurkumy,

Z - odrobinkę kminku mielonego

M - i czarnego pieprzu.

Energicznie roztrzep wszystko widelcem, po czym wylej na patelnię z małą ilością oliwy. Smaż do zarumienienia.

Podawaj z koncentratem lub twarogiem.

Grzanki z patelni

Na maleńkim ogniu postaw patelnię teflonową zwykłą lub grillową (z karbowanym dnem), połóż kromki suchego chleba i zrumień na chrupiące grzanki. Posmaruj masłem.

Można jeść je jako samodzielną przekąskę (wtedy dobrze jest posypać masło pieprzem ziołowym) lub jako dodatek do zupy jarzynowej. Jest to też znakomita baza do wszelkich kanapek.

Grzanki czosnkowe

Przygotuj kilka kromek chleba.

Z – 2 łyżki oliwy wlej do filiżanki

M – dodaj przeciśnięte przez praskę 2-3 średnie ząbki czosnku, szczyptę pieprzu czarnego i ziołowego,

W – posól,

D – dodaj szczyptę bazylii,

O – szczyptę kurkumy, dobrze wymieszaj, odstaw na kwadrans.

Tak powstaje nam oliwa ziołowo-czosnkowa.

Przygotuj piekarnik na 170°C.

Posmaruj kanapki czosnkową oliwą, a następnie cienką warstwą twarożku krowiego lub koziego i zapiekaj w piekarniku na rumiany kolor.

Możesz też zrobić grzanki na patelni (patrz: poprzedni przepis).

Kasza jęczmienna– przepis podstawowy

2 szklanki kaszy dokładnie umyj na sitku pod bieżącą wodą, po czym zalej 2 szklankami wody, skrop odrobinę sokiem z cytryny lub żurem (D), odstaw na minimum 30 minut.

O – Zagotuj kaszę do wrzątku, dodaj szczyptę kurkumy,

Z – 1 łyżeczkę masła,

M – szczyptę imbiru,

W – 1 łyżeczkę soli.

Gotuj na malutkim ogniu, pod przykryciem, do momentu odparowania wody. Zawiń garnek w gazetę, ręcznik i schowaj na 30 minut pod kołdrę.

Kasza gryczana – przepis podstawowy

Postępuj tak samo, jak w przypadku kaszy jęczmiennej lub gotuj następująco:

O - Do 2 szklanek wrzątku dodaj 1 szklankę kaszy,

Z - 1 łyżeczkę masła,

M - szczyptę imbiru,

W - 1 łyżeczkę soli.

Gotuj na malutkim ogniu, pod przykryciem, do momentu odparowania wody. Zawiń garnek w gazetę, ręcznik i schowaj na 30 minut pod kołdrę.

Do kaszy gryczanej możemy pić jogurt naturalny lub kefir.

Kasza jaglana – przepis podstawowy

Kaszę dokładnie umyj na sitku pod bieżącą wodą.

O - Do 2 szklanek wrzątku dodaj szczyptę kurkumy,

Z - 1 szklankę kaszy, 1 łyżeczkę masła,

M - ½ łyżeczki imbiru,

W - sól.

Gotuj na malutkim ogniu, pod przykryciem, do momentu odparowania wody. Zawiń garnek w gazetę, ręcznik i schowaj na 30 minut pod kołdrę.

Ryż – przepis podstawowy

Postępuj tak samo, jak z kaszą jęczmienną.

Możesz dodać w smaku ostrym (M), np. curry.

Kuskus – przepis podstawowy

D – Kaszkę kuskus (1 szklanka) opłucz na sitku, wsyp do szklanej miski,

O – po czym zalej tak, by woda zakrywała kaszę 2 cm nad ziarnami,

Z – włóż 1 łyżeczkę masła,

M – dodaj imbiru

W – i 1 łyżeczkę soli.

Przykryj talerzem lub pokrywką. Pozostaw do napęcznienia.

Soczewica – przepis podstawowy

W – 1 szklankę soczewicy dokładnie opłucz na sitku, wsyp do rondla, zalej 2 szklankami wody, posól.

Zagotuj.

O – Dodaj szczyptę tymianku i kurkumy,

Z – 1 łyżeczkę masła,

M – pieprz do smaku.

Gotuj 20 minut pod częściowym przykryciem.

Fasola – przepis podstawowy

Fasolę umyj na sicie pod bieżącą wodą, wsyp do garnka, w którym będzie się gotować. Zalej zimną wodą dużo ponad poziom ziaren, dodaj parę kropli soku z cytryny lub żuru. Odstaw na 4-5 godzin.

Dolej wody, postaw na gaz i nie przykrywaj garnka.

O - Do wrzątku dodaj kozieradkę i sporo majeranku,

Z - kminek mielony,

M - dużą szczyptę cząbru, czarny pieprz,

W - sól.

Gotuj najpierw ½ godziny bez przykrycia na średnim ogniu, potem przykręć i przykryj. Co jakiś zerkaj, czy nie kipi. Gotuj do miękkości (ok. 2-3 godziny, w zależności od rodzaju i wielkości fasoli).

Gotowane ziemniaki

O - Do wrzącej wody z kurkumą wrzuć:

Z - obrane ziemniaki, mielony kminek,

M - imbir,

W - sól.

Wody, a więc i soli, nie powinno być za dużo, aby ziemniaki gotowały się niejako w sosie własnym.

Po odcedzeniu dodajemy masło i sypiemy delikatnie pieprzem.

Zestawiamy je z mięsem, gulaszem, warzywami lub innymi dodatkami zawierającymi pięć smaków.

Jeśli jemy same ziemniaki, skrapiamy je na koniec sokiem z cytryny i dodajemy masło, oliwę lub olej tłoczony na zimno.

Puree ziemniaczane

O Na wrzątck zc szczyptą kurkumy,

Z – wrzuć obrane, przepołowione ziemniaki w ilości 0,5-1 kg,

M – dodaj 1 dużą, pokrojoną cebulę (lub 2 małe) i 5-6 całych ząbków czosnku, ½ łyżeczki imbiru,

W – sól do smaku (1 łyżka).

Gotuj do miękkości. Odcedź całość za pomocą sitka o drobnych oczkach. Ugniataj dokładnie ziemniaki z cebulą i czosnkiem, dodając:

D – sok z cytryny lub odrobinę koncentratu pomidorowego,

O – szczyptę kozieradki,

Z – 2 łyżki masła,

M – pieprz ziołowy, ewentualnie chili dla zaostrzenia smaku.

Zestawiaj z mięsem w smaku gorzkim (baranina, jagnięcina), ostrym (indyk, dziczyzna) lub kwaśnym (kaczka, kurczak). Do tego kiszonki, gotowane warzywa.

Puree z groszkiem

Z - Do ugotowanych ziemniaków dodaj podgotowany osobno groszek, przeciśnij przez praskę, dodaj kminek mielony,

M - mieloną kolendrę,

W - szczyptę soli,

D - bazylię,

O - majeranek,

Z - masło.

Wymieszaj, podawaj do mięs i potraw w smaku ostrym, kwaśnym i gorzkim.

Podawaj podobnie jak czyste puree.

Lane kluski

Do szklanki wsypuj kolejno, energicznie mieszając:

Z - 1 jajko,

M - szczyptę imbiru,

W - troszkę wody,

D - mąkę pszenną - tyle, aby konsystencja masy była dosyć gęsta, ale dawała się przelać przez mały, wąski lejek.,

O - szczyptę kurkumy.

Po wlaniu na osolony wrzątek gotuj kluski ok. 1 minuty.

Stosuj do rosołu i zup miksowanych.

Kopytka

Z Do 1 kg ugotowanych, przeciśniętych przez praskę (lub zmielonych) i przestudzonych ziemniaków wbij 2 jajka,

M – dodaj ⅓ łyżeczki imbiru mielonego,

W – szczyptę soli,

D – 250 g mąki pszennej,

O – ¼ łyżeczki kurkumy,

Z – 2-3 łyżki mąki ziemniaczanej.

Wyrabiaj ciasto ręcznie, a po uzyskaniu jednolitej masy wykrój część, podsyp mąką i zroluj w podłużny, średnio gruby wałeczek, a następnie krój poprzecznie w kopytka.

Wrzucaj na osolony wrzątek z dodatkiem oliwy i gotuj 2-3 minuty od wypłynięcia. Wyjmuj łyżką cedzakową.

Podawaj z dowolnym sosem, samym masłem lub z bułką tartą i masłem, ewentualnie na słodko, z miodem i cynamonem.

Kluski śląskie

Z – 1-1,5kg ugotowanych i jeszcze ciepłych ziemniaków przeciśnij przez praskę, poczekaj aż trochę ostygną, dodaj 1 jajko i mąkę ziemniaczaną w takiej ilości, aby ciasto się ładnie zlepiło, ale nie było zbyt twarde.

Formuj kluski w małe krążki i w każdym zrób palcem dziurkę.

O – Do wrzątku dodaj szczyptę kurkumy,

Z – parę kropli oliwy z oliwek,

M – szczyptę imbiru,

W – 1-2 łyżeczki soli.

Wrzucaj kluski na wrzątek i gotuj je około 4-5 minut.

Kluski leniwe

D - Do ½ kg roztartego widelcem tłustego twarogu

O - dodaj szczyptę kurkumy,

Z - 2 jajka, ⅓ szklanki mąki kukurydzianej,

M - szczyptę kardamonu,

W - szczyptę soli,

D - 1 łyżkę mąki pszennej.

Przygotuj wrzątek:

O - gorąca woda ze szczyptą kurkumy,

Z - parę kropli oliwy z oliwek,

M - szczypta imbiru,

W - sól.

Łyżkę z masą serową włóż do wrzącej wody, aż kluska sama się odklei - i tak kolejne. Gotuj ok. 2 minut od wypłynięcia.

Podawaj do duszonych lub gotowanych warzyw, a także z samym masłem, masłem i bułką tartą, ewentualnie na słodko (z miodem i cynamonem).

Naleśniki z trzech mąk

D Do wysokiej miski wsyp 2,5 szklanki białej mąki pszennej,

O – dodaj ⅓ łyżeczki kurkumy,

Z – wsyp ½ szklanki maki kukurydzianej, dodaj 1 czubatą łyżkę mąki ziemniaczanej, 2 jajka, 1 łyżkę masła, 1 łyżeczkę cukru trzcinowego (niekoniecznie),

M – ½ łyżeczki imbiru,

W – około 3,5-4 szklanki wody,

W – 1 łyżeczkę soli.

Zmiksuj dokładnie i smaż na oleju.

Przepis nie zawiera mleka. Jeśli dysponujesz świeżym mlekiem kozim lub krowim, dodaj je w przemianie Ziemi, proporcjonalnie zmniejszając ilość wody.

Naleśniki razowe

D – Do wysokiej miski wsypuj kolejno: 1 szklankę mąki pszennej razowej,

O – ½ szklanki mąki żytniej razowej, ½ łyżeczki kurkumy,

Z – ½ szklanki mąki kukurydzianej, ⅓ szklanki mąki ziemniaczanej, 2 jajka, 2 szklanki mleka koziego wiejskiego (jeśli nie masz mleka, dodaj w zamian 2 szklanki ciepłej wody z rozpuszczoną 1 łyżeczką miodu w każdej), 1 płaską łyżeczka miękkiego masła,

M – ½ łyżeczki imbiru,

W – 1 płaską łyżeczka soli, 1 szklankę wody.

Zmiksuj ciasto i smaż naleśniki na oleju z obu stron.

Naleśniki staropolskie z nadzieniem

Ciasto:

D – Do wysokiej miski wsyp 1,5 szklanki mąki,

O – dodaj szczyptę kurkumy,

Z – 1 szklankę mleka, 2 jaja, 1 łyżeczkę miodu,

M – szczyptę imbiru,

W – dużą szczyptę soli.

Nadzienie:

Z – Ugotuj i zmiel (lub dobrze ubij) ½ kg ziemniaków,

M – dodaj pieprzu ziołowego, wymieszaj i odstaw.

Z/M – Na oleju usmaż 1 dużą cebulę (lub 2 małe), dodaj do niej pieprz,

W – 3 plastry pokrojonego w drobną kostkę boczku wędzonego, sól do smaku.

Po usmażeniu dodaj do ziemniaków, wymieszaj.

Sos:

Weź ok. 400 g pieczarek, dobrze umyj i pokrój w paseczki,

Z – rozpuść na patelni trochę oleju z łyżką masła,

M – dodaj pieprz i imbir, szczyptę gałki muszkatołowej,

W – wrzuć pokrojone pieczarki, posól i podsmażaj mieszając, po czym wlej powolutku (tak, aby sos wciąż bulgotał) szklankę wody, przykryj pokrywką i duś 30 min.

D – Do ⅓ szklanki wody włóż 3 łyżki śmietany i 1 łyżkę maki pszennej, energicznie wymieszaj całość i dodaj do sosu,

O – dopraw szczyptą kurkumy,

Z – szczyptą słodkiej papryki

M – i pieprzem Cayenne na czubku noża.

Na gotowy naleśnik nakładaj farsz, zawiń, polej sosem.

Placki ziemniaczane

Z - Utrzyj na tarce 1 kg ziemniaków, dodaj 2 jajka,

M - ⅓ łyżeczkę imbiru, ⅓ łyżeczki pieprzu ziołowego, startą cebulę i przeciśnięte przez praskę 2 ząbki czosnku,

W - sól do smaku (optymalnie 1 płaską łyżkę),

D - 1 łyżeczkę soku z cytryny - dzięki temu ciasto nie będzie czernieć, 2 łyżki mąki pszennej,

O - ⅓ łyżeczki kurkumy,

Z - 1 łyżkę mąki kukurydzianej,

M - pieprz do smaku.

Wymieszaj, smaż na oleju lub oliwie z oliwek na złocisto-rumiany kolor.

Możesz podawać same lub z jogurtem ziołowym (patrz: przepis), ewentualnie z kiszonkami lub surówką z marchwi i jabłek.

Placki z jabłkami

Umyj i obierz 4-5 jabłek, następnie pokrój na średnie kawałki (lub zetrzyj, jeśli wolisz). Do wysokiej miski wsyp:

D – 2 szklanki mąki pszennej (biała i razowa pół na pół),

O – szczyptę kurkumy,

Z – 1-2 jajka,

Z – 1 łyżkę mąki kukurydzianej,

Z – ½ łyżeczki cynamonu,

M – po ½ łyżeczki kardamonu i imbiru,

W – ½ łyżeczki soli, 1,5-2 szklanki wody.

Zmiksuj wszystko.

D – Do gęstej masy dodaj kawałki jabłek,

O – szczyptę kurkumy,

Z – szczyptę cynamonu,

M – szczyptę chili.

Wymieszaj, dużą łyżką kładź ciasto z jabłkami na rozgrzany olej, smaż na złoto z obu stron.

Kotlety jaglane

Ugotuj szklankę kaszy według przepisu podstawowego, odparuj ewentualny nadmiar wody.

Z/M – Na oleju usmaż na rumiano-złoto pokrojoną dużą cebulę i wyciśnięte 2-3 ząbki czosnku.

Dodaj wszystko do ciepłej kaszy i wciąż mieszając,

Z – wrzuć 1 całe jajko, szczyptę kminku,

M – gałkę muszkatołową i pieprz do smaku,

W – sól,

D – dodaj 1-2 łyżki mąki pszennej razowej, aby masa była gęsta,

O – następnie kurkumę,

Z – szczyptę słodkiej papryki,

M – ½ łyżeczki imbiru.

Wymieszaj wszystko dokładnie i formuj kotleciki, smażąc z obu stron na złoty kolor.

Zestawiaj je z warzywami duszonymi.

Źródło przepisu:
„Makrobiotyka..." S. Pietyr-Rufin,
modyfikacja: autorka

Duszonka z papryką

Z – Pokrój i wrzuć na rozgrzany olej na patelni pokrojone warzywa: 1 dużą marchew, 3 świeże papryki (każda może być innego koloru),

M – 1 dużą cebulę, 3 ząbki czosnku, szczyptę pieprzu, pieprz Cayenne na czubku łyżeczki,

W – posól, podsmażaj mieszając,

D – dodaj garść poszatkowanej zieleniny, przykręć ogień,

O – zalej warzywa wrzątkiem, tylko tyle, by je przykrył.

Duś do miękkości.

Z – Dodaj 1 łyżeczkę masła, zagęść 1 płaską łyżeczką mąki ziemniaczanej rozmieszanej w ⅓ szklanki chłodnej wody,

M – dodaj pieprzu białego i czarnego

W – oraz soli do smaku.

Kapusta z grochem

Groch:

½ paczki (ok. 250 g) grochu namocz na noc.

O - Nazajutrz do ½ litra wrzącej wody ze szczyptą kozieradki, majeranku i kurkumy

Z - wsyp namoczony groch, 1 łyżeczkę masła, szczyptę kminku,

M - dodaj pieprz ziołowy i imbir - po ½ łyżeczki, 1 łyżeczkę cząbru,

W - sól do smaku.

Gotuj ok. ½ godziny, pilnując by nie wykipiało.

Kapusta:

D - 50-70 dag kapusty kiszonej odciśnij, włóż do garnka i zalej

O - półlitrowym wrzątkiem, dodając szczyptę kurkumy,

Z - 1 łyżeczkę kminku mielonego,

Z/M - 3 duże cebule, pokrojone i podsmażone wcześniej na oleju z masłem,

M - małą szczyptę cząbru, ½ łyżeczki imbiru, 1 liść laurowy, 3 ziarna ziela angielskiego, pieprz czarny,

W - sól do smaku.

Duś kapustę przez 1 godzinę, dodaj do niej groch, dopraw:

D - bazylią,

O - majerankiem,

Z - kminkiem,

M - czarnym pieprzem

W - i solą do smaku.

Fasola w sosie warzywnym

Fasolę ugotuj tak, jak w przepisie podstawowym.

Sos:

Z – Na patelnię wlej oliwę lub olej, wrzuć starte 2 średnie marchewki, 1 drobno pokrojoną czerwoną paprykę,

M – dodaj poszatkowane 3 cebule, 3 wyciśnięte ząbki czosnku, pieprzu czarnego do smaku, trochę imbiru mielonego,

W – soli, podsmażaj chwilę, mieszając,

D – dodaj skrojony cały pęczek zieleniny (natka pietruszki),

O – zalej wrzącą wodą do poziomu warzyw,

Z – dodaj kminku mielonego,

M – 1 liść laurowy, pieprz do smaku i duś do miękkości.

W – Następnie dosól do smaku

D – i na koniec zagęść przecierem pomidorowym, również do smaku.

Szybki groszek z fasolą

O - Na ½ szklanki wrzątku w rondlu

Z - wsyp odcedzony groszek konserwowy, dodaj 1 łyżeczkę masła,

M - pieprzu białego, imbiru - po szczypcie, przeciśnięty przez praskę ząbek czosnku (lub pieprz czosnkowy),

W - sól do smaku, odcedzoną fasolę z puszki.

Gotować 5 minut pod przykryciem na małym ogniu.

D - Dodaj 2 łyżeczki cytryny,

O - szczyptę kurkumy i majeranku,

Z - zagęść 1 płaską łyżeczką mąki ziemniaczanej rozmieszanej w ⅓ szklanki wody,

M - zakończyć szczyptą pieprzu Cayenne.

To raczej dodatek do obiadu, choć w chwili głodu można zjeść go samodzielnie.

Można też sporządzić pastę w malowniczym kolorze khaki, miksując wszystko blenderem, a następnie smarując nią kromkę.

Sałatka jarzynowa

To znana i lubiana sałatka.

Z - Ugotowane i pokrojone: 3 marchewki, 1 pietruszkę, kilka ziemniaków, 2 jaja na twardo, wymieszaj, dodając

M - 1 pokrojoną drobno cebulę, trochę musztardy i pieprzu do smaku,

W - sól do smaku,

D - 1-2 pokrojone ogórki kiszone,

O - szczyptę kurkumy,

Z - i majonez wedle uznania.

Następnie dobrze wymieszaj i dopraw jeszcze

M - pieprzem

W - i solą do smaku.

Sałatka ta znana jest jako element imprez okolicznościowych, ja natomiast polecam ją także jako drugie śniadanie jedzone z czerstwym pieczywem.

Surówka z marchwi i jabłek

Z - Zetrzyj drobno na tarce (małe, ukośne oczka) 2 spore marchewki, dodaj ⅓ łyżeczki cynamonu,

M - szczyptę imbiru,

W - szczyptę soli,

D - 1 łyżeczkę soku wyciśniętego z pomarańczy (lub z cytryny), 1 utarte jabłko,

O - szczyptę kakao lub kurkumy,

Z - 1 łyżkę oleju lnianego (lub oliwy z oliwek), ½ łyżeczki miodu,

M - szczyptę gałki muszkatołowej lub kardamonu.

Jogurt ziołowy

Taki jogurt spożywamy wiosną i ciepłą jesienią do kasz czy smażonych ziemniaków. Latem może służyć jako samodzielny napój do ugaszenia pragnienia w upalny dzień. Zimą stosujemy jako dodatek (w małej ilości) - w smaku ostrym dodajemy wówczas wyciśnięte 2 ząbki czosnku (wtedy jogurt musi trochę postać w temp. pokojowej, żeby się nieco ocieplił i „przegryzł").

D - Do jogurtu naturalnego (bez cukru!) dodaj po szczypcie: suszonej bazylii,

O - kurkumy,

Z - mielonego kminku,

M - imbiru, pieprzu ziołowego, pieprzu czarnego,

W - soli do smaku.

Potrawy mięsne

Wołowina z fasolą

Ugotuj ok. 400 g fasoli tak, jak w przepisie podstawowym.

Z - ½ kg wołowiny dobrze umyj, osącz, pokrój na kawałki, wrzuć na dobrze rozgrzany olej na patelni; obsmażaj do zrumienienia,

M - dodaj 2 pokrojone w półkrążki cebule, oprósz pieprzem,

W - posól, wymieszaj, przykryj i duś 10 minut.

O - Do garnka wlej 1 litr wrzącej wody, dodaj szczyptę kurkumy i tymianku,

Z - ½ łyżeczki kminku mielonego,

M - 2 ziarna ziela angielskiego, 1 mały liść laurowy, ½ łyżeczki cząbru,

W - obsmażoną i posoloną wołowinę z cebulą, gotuj ok. 30-40 minut pod przykryciem, aż mięso będzie miękkie, po czym dodaj ugotowaną fasolę, spróbuj i ewentualnie dodaj soli,

D - szczyptę bazylii, 1 łyżkę poszatkowanej zieleniny i przecier (lub koncentrat) pomidorowy (od 2 do 4 łyżek),

O - szczyptę kozieradki i wrzątku - w razie potrzeby.

Podawaj jako samodzielne danie, ewentualnie w towarzystwie kaszy lub czerstwego pieczywa.

Indyk w jarzynach z cynamonem

Umyte części indyka (np. 2-3 skrzydła przedzielone na pół lub 3-4 pałki) osusz i kolejno posypuj:

M – czarnym pieprzem, imbirem,

W – solą (więcej posól tam, gdzie mięsa jest dużo),

D – bazylią,

O – majerankiem, kurkumą,

Z – kminkiem mielonym, sporą ilością cynamonu,

M – małą ilością kardamonu.

Odstaw na ok. ½ godziny.

Obsmażaj mięso na oleju z oliwą z obu stron do zrumienienia, odłóż do głębokiej patelni lub innego naczynia żaroodpornego.

Do naczynia z indykiem wrzucaj warzywa, przykrywając nimi mięso:

Z – pokrojoną w półplastry marchewkę, kilka łyżek groszku z puszki,

M – pokrojoną w krążki cebulę (co najmniej 1 duża), kilka ząbków czosnku w plasterkach, 1-2 łyżki startego selera,

W – 1-2 łyżki fasoli z puszki, posyp lekko solą,

D – bazylią,

O – majerankiem,

Z – cynamonem, kminkiem mielonym,

M – białym pieprzem.

Przykryj naczynie pokrywą i włóż do nagrzanego na ok. 180-200°C piekarnika i piecz ok. 1,5 godz.

Po ok. 45 minutach, przemieszaj warzywa.

Podawaj z gotowanymi ziemniakami, kaszą jaglaną lub gryczaną. Mięso zjedz z musztardą i chrzanem.

Kurczak w cebuli

D - 5-6 udek kurczaka natrzyj

O - kurkumą, majerankiem,

Z - 1 łyżką oliwy, słodką papryką,

M - imbirem i pieprzem Cayenne (odrobina!),

W - solą.

Zostaw na 20-30 minut.

Następnie usmaż kurczaka na ostro (tj. na sporym ogniu) z dwóch stron, pilnując, by nie przywarł tylko ładnie się zarumienił. Zdejmij z patelni.

M - Na tłuszczu z kurczaka podsmaż 3 duże pokrojone cebule i 5-6 wyciśniętych ząbków czosnku, dodaj pieprzu,

W - i soli do smaku,

D - a gdy cebula się zarumieni, włóż obsmażonego kurczaka,

O - dolej wrzątku,

Z - dodaj odrobinę masła

M - i pieprzu, przykryj i duś pod przykryciem jeszcze 30-40 minut na średnim ogniu.

Kotlety mielone

Namocz w małej ilości wody z solą czerstwą bułkę (D).

Z - Do miski zmiel ok. 70 dag mięsa wołowego, dodaj 2 jajka,

M - pieprz, imbir,

W - ok. 30 dag zmielonego mięsa wieprzowego, szczyptę soli,

D - szczyptę bazylii, odciśniętą i zmieloną bułkę,

O - kurkumę, tymianek, majeranek - po szczypcie,

Z - 1 łyżeczkę mąki ziemniaczane, dużą szczyptę kminku,

M - 1 pokrojoną drobniutko cebulę, pieprz do smaku, pieprz ziołowy.

Formuj kotlety, obtaczaj w bułce tartej i smaż na oleju z obu stron.

Pulpety z jagnięciny

O - Do miski włóż ½ kg zmielonej jagnięciny,

Z - dodaj 1 łyżeczkę mielonego kminku, ½ łyżeczki cynamonu, 1 łyżeczkę mąki kukurydzianej,

M - drobno posiekaną 1 małą cebulę (najlepiej dymkę), 1 łyżeczkę mielonego ziela angielskiego, szczyptę imbiru,

W - 1 łyżeczkę soli,

D - 3 łyżki stołowe bułki tartej, 1 łyżkę drobno posiekanej natki pietruszki,

O - ¼ łyżeczki kurkumy,

Z - 1 jajko,

M - pieprzu czarnego do smaku.

Wymieszaj wszystko, przykryj miskę folią spożywczą i włóż do lodówki na 30 minut.

Wyjmij i uformuj pulpety. Smaż w głębokim tłuszczu po ok. 1 min. z każdej strony.

Podawaj je do ziemniaków gotowanych, puree lub dowolnej kaszy.

Pulpety wołowo-indycze w sosie

Z – Zmiel w maszyncce ok. 1 kg wołowiny i ½ kg indyka (pierś lub mięso gulaszowe),

M – dodaj zmielone 3 cebule, ½ łyżeczki imbiru, 1 łyżeczkę kolendry mielonej, ⅓ łyżeczki chili, ½ łyżeczki pieprzu czarnego,

W – ok. 1,5 łyżeczki soli,

D – ½ łyżeczki bazylii, 1 łyżkę posiekanej pietruszki i 1 łyżkę koperku,

O – ½ łyżeczki kurkumy i ½ łyżeczki majeranku,

Z – 1 łyżeczkę kminku mielonego.

Uformuj kulki.

O – Do ok. 3 litrów gotującego wrzątku dodaj szczyptę tymianku,

Z – szczyptę kminku, wrzuć pulpety,

M – dodaj szczyptę imbiru, 3 ziarna ziela angielskiego, 1 liść laurowy, szczyptę kolendry mielonej, szczyptę pieprzu Cayenne.

Gotuj około ½ godziny, po czym dosmakuj sos:

W – solą,

D – dodaj ok. 2-3 łyżki soku z cytryny, szczyptę bazylii,

O – szczyptę kurkumy, wrzątek – jeśli trzeba,

Z – zagęść mąką ziemniaczaną rozpuszczoną w zimnej wodzie,

M – szczyptę pieprzu czarnego.

Część odłóż na obiad, część zawekuj w słoiku. Podawaj głównie do kaszy gryczanej, jęczmiennej, ryżu, rzadziej do ziemniaków.

Filety rybne

Filety najpierw odmroź, a później pokrój na kawałki.

W – Każdy kawałek filetu posól,

D – skrop z każdej strony ryby po 4-5 kropli soku z cytryny,

O – dodaj ciut kurkumy,

Z – natrzyj oliwą, odrobiną kminku,

M – szczyptą imbiru, pieprzem czarnym.

Odstaw na 5-10 minut.

Maczaj w rozbełtanym jajku i w bułce tartej, smaż na złocisty kolor z obu stron.

Gulasz indyczo-cielęcy

Pokrój w kostkę 40 dag cielęciny i 60 dag indyka, zasyp zaprawą.

Zaprawa:

Z – 1 łyżka mąki ziemniaczanej, szczypta kminku mielonego,

M – ½ łyżeczki imbiru, ½ łyżeczki pieprzu czarnego,

W – 1,5 łyżeczki soli.

Odstaw na 1 godzinę i przygotuj warzywa:

Z – pokrój 2 marchewki i 1 pietruszkę,

M – 2 cebule posiekaj w kostkę.

Mięso obsmaż na oliwie z oliwek i przełóż do rondla, dodając:

Z – marchewkę i pietruszkę oraz większą szczyptę kminku,

M – cebulę, 3 wyciśnięte ząbki czosnku, ½ łyżeczki kolendry mielonej, szczyptę imbiru, ½ łyżeczki chili,

W – 1 łyżeczki soli,

D – szczyptę bazylii i 2 łyżki posiekanej natki pietruszki,

O – szczyptę kurkumy, tymianku, i zalej to około 0,7 litra wrzątku, postaw na gaz i dodaj troszkę masła, bądź szczyptę kminku.

Duś ok. 40 minut, po czym sprawdź słoność potrawy i dodaj:

M – szczyptę pieprzu czarnego,

W– sól do smaku (jeśli słoność jest odpowiednia, dodaj soli tylko odrobinę),

D – 1 łyżeczkę soku z cytryny,

O – szczyptę majeranku,

Z – odrobinę oliwy z oliwek,

M – szczyptę pieprzu czarnego.

Gulasz pasuje do kaszy jaglanej, gryczanej, ziemniaków.

Wątróbka z cebulą

D/O - ½ kg wątróbki umyj, wymocz z krwi, osącz, pokrój na kawałki, po czym każdy obtocz w mące pszennej z dodatkiem kurkumy,

Z - kładź kawałki mięsa na podgrzanym oleju na patelni, oprósz słodką papryką,

M - dodaj pieprzu, imbiru,

W - soli, przykryj sitkiem, by nie pryskało, zrumień z każdej strony, odkładaj do naczynia.

M/W - Na tłuszczu z mięsa obsmaż 4 pokrojone w półkrążki cebule, dodając pieprzu i soli, dodaj odłożone kawałki wątróbki, przykryj i duś na małym ogniu do miękkości mięsa i cebuli.

Podawaj jako samodzielne danie, a także z kaszą jaglaną lub gryczaną, ewentualnie z ziemniakami.

Staropolskie zrazy wołowe

Wieczorem namocz w małej ilości lekko osolonej wody 4-5 suszonych grzybów (W).

Nazajutrz grzyby te wraz z wywarem zagotuj. Potem odstaw.

Mięso:

Z – ½ kg wołowiny zrazówki pokrój w poprzek włókien na płaty, lekko zbij tłuczkiem,

M – posyp pieprzem czarnym i ziołowym,

W – posól,

D – pokrop 1 łyżeczką soku z cytryny,

O – oprósz lekko kurkumą.

Farsz:

Ugotuj kaszę gryczaną – ¼ szklanki kaszy na ½ szklanki wody (patrz: przepis podstawowy).

Z – Utrzyj surowe żółtko z 1 łyżką masła,

M – dodaj pieprzu i szczyptę imbiru,

W – dodaj pokrojone na cienkie paseczki grzyby (wywar zostaw), posól do smaku,

D – dodać 1 łyżeczkę śmietany,

O – ugotowaną kaszę gryczaną.

Na każdy plaster mięsa połóż sporą ilość nadzienia, obwiąż nitką, obtocz w mące pszennej z dodatkiem bułki tartej. Smaż na łyżce roztopionego smalcu, przełóż do garnka, podlej powoli wywarem z grzybów, duś 1 godzinę pod przykryciem.

Zrób zasmażkę:

D – na ciepłą patelnię wrzucić 2 łyżki mąki pszennej,

O – szczyptę kurkumy,

Z – 1 łyżkę masła,

M – szczyptę pieprzu,

W – sól, trochę wody,

D – 3 łyżki śmietany.

Zmieszaj, wlej zasmażkę do zrazów i duś jeszcze 5 minut.

Podawaj z ryżem, kaszą gryczaną, jęczmienną lub kuskusem, do tego kiszonki.

Bigos staropolski

Ta wspaniała potrawa przyrządzana jest przez 5 dni, jak przystało na bigos z prawdziwego zdarzenia.

Namocz 100 g suszonych grzybów w wodzie. Odstaw.

Na początek należy usmażyć mięsa. Do rondla/garnka włóż 3-4 łyżki smalcu i na rozgrzany tłuszcz wrzuć pokrojone w kostkę:

Z – ½ kg wołowiny; chwilę podsmażaj, mieszając,

M – ½ kg dziczyzny (jeśli nią nie dysponujesz, w przemianie Metalu dodaj indyka),

W – ½ kg wieprzowiny.

Osobno na patelni usmaż na 1 łyżce oleju:

M – 4 pokrojone cebule z pieprzem

W – i solą, ½ kg kiełbasy jałowcowej (lub innej kiełbasy podsuszanej).

Kiedy wytopi się tłuszcz, a cebula zmięknie, dodaj cebulę z kiełbasą do mięs w rondlu, przykryj i duś.

D – 3 kg kiszonej kapusty pokrój, odciśnij nadmiar kwasu i wrzuć do dużego garnka emaliowanego z grubym dnem,

O – posyp tymiankiem,

Z – wlej 2 szklanki rosołu (ostatecznie może być ½ litra wrzątku z rozpuszczonym bulionem),

Z – dodaj sporo kminku,

M – 2 liście laurowe, 3 goździki, 5 ziaren ziela angielskiego, 4 jagody jałowca,

M/W – dołóż duszone mięsa, kiełbasę z boczkiem i cebulą,

W – dodaj sól do smaku,

D – dużą szczyptę bazylii.

Wymieszaj i duś wszystko razem ½ godziny.

O – Wlej 1 szklankę czerwonego wytrawnego (lub półwytrawnego) wina, wrzuć 15 wędzonych śliwek,

Z – dodaj 1 łyżkę masła,

M – pieprz czarny, pieprz ziołowy, odrobinę pieprzu Cayenne,

W – sól do smaku.

Duś przez godzinę.

Następnie odstaw w chłodne miejsce. Przez kolejne 4 dni bigos należy odgrzewać 2 razy dziennie, aż zmieni kolor na ciemny i nieco odparuje. Jest pracochłonny, ale warto!

Placek po zbójnicku

To inaczej placek po węgiersku, zwany też przysmakiem pasterskim. Ciasto na placek zrób według przepisu na placki ziemniaczane.

Gulasz:

½ kg wieprzowiny pokrój w kostkę, obtocz dokładnie w pieprzu ziołowym, obsmaż na oleju, odłóż.

Z - Na tłuszczu z mięsa usmaż pokrojoną czerwoną i zieloną paprykę,

M - cebulę i przeciśnięte przez praskę 4 ząbki czosnku, dodaj pieprzu czarnego, Cayenne, chili, imbiru - po szczypcie,

W - dodaj usmażoną wieprzowinę, posól do smaku, wlej trochę wody nie gasząc bulgotania gulaszu.

Przykryj i chwilę duś.

D - Wrzuć garść pokrojonej natki pietruszki, drobno pokrojone 2 ogórki konserwowe,

O - tymianek, kurkumę, oregano,

Z - kminek mielony,

M - pieprz.

Duś pod przykryciem 20-30 minut.

Gulasz powinien być pikantny i gęsty. Jeśli jest za rzadki, zagęść łyżeczką mąki ziemniaczanej w smaku słodkim (Z).

Z ciasta ziemniaczanego usmaż na patelni jeden duży placek, po czym polej gulaszem.

Fasola po bretońsku

Opłucz 1 kg fasoli na sicie. Namocz ją na noc (lub z samego rana, na 4-5 godzin) w dużym (4-5-litrowym) garnku, zalewając kilka centymetrów nad ziarnami.

Następnie dolej wody i zagotuj fasolę. Pierwsze 20 minut bez przykrycia, by uleciały substancje wzdymające. Potem zmniejsz ogień i gotuj pod pokrywką.

Dodaj do fasoli:

Z - 1,5 łyżeczki mielonego kminku,

M - 1 łyżeczkę cząbru, 1 płaską łyżeczkę mielonego imbiru,

W - 3 łyżeczki soli.

Gotuj 1,5 godziny.

Po czym dodaj:

D - ½ łyżeczki bazylii, ½ łyżeczki koperku suszonego lub 1 łyżeczkę świeżego,

O - ½ łyżeczki kurkumy, wrzątku - jeśli jest za mało wody,

Z - ½ łyżeczki masła,

M - 7-8 wyciśniętych średnich ząbków czosnku, 2 średnie poszatkowane cebule (można je zeszklić na patelni), ⅓ łyżeczki pieprzu Cayenne, liść laurowy, 3 ziarna ziela angielskiego, ½ łyżeczki mielonej kolendry,

W - 30 dag pokrojonego i wytopionego na patelni boczku wędzonego, 50 dag pokrojonej i podsmażonej kiełbasy.

Wszystko dobrze wymieszaj i gotuj 1 godzinę.

W - Spróbuj, dodaj soli, jeśli trzeba,

D – dodaj kilka łyżek koncentratu pomidorowego, 1 łyżeczkę soku z cytryny,

O – 1 łyżkę majeranku,

Z – szczyptę kminku,

M – pieprz czarny do smaku.

Gotuj jeszcze ½ godziny.

Podawaj jako samodzielne danie bez dodatków, ponieważ jest to sycąca i dosyć ciężka potrawa.

Dodatki do kanapek

Masło czosnkowe

Do miękkiej kostki masła włożonej do ceramicznej miseczki dodawaj:

M – 3 ząbki wyciśniętego czosnku, ½ łyżeczki pieprzu ziołowego,

W – ½ łyżeczki soli,

D – szczyptę bazylii,

O – szczyptę kurkumy i kozieradki,

Z – szczyptę kminku,

M – pieprz czarny do smaku.

Pasta jajeczno-serowa

Z – Ugotuj na twardo 4 jajka, ostudź, obierz, dokładnie rozgnieć widelcem,

M – dodaj 1 drobno posiekaną cebulę, w sezonie wkrój 1 łyżeczkę rzeżuchy albo szczypiorku, dopraw pieprzem czarnym,

W – solą,

D – dodaj 2 łyżki tłustego lub półtłustego twarogu,

O – szczyptę kurkumy,

Z – mielony kminek,

M – pieprz ziołowy do smaku.

Pasta ze słonecznika

Z – Paczkę słonecznika (100 g) przelej wrzątkiem na sitku, odsącz, dodaj 3 łyżki oliwy z oliwek lub oleju lnianego,

M – 3 ząbki czosnku przeciśnięte przez praskę,

W – sól do smaku,

W – 2 łyżki wody.

Wszystkie składniki zmiksuj. Jeśli masa jest zbyt sucha, dodaj jeszcze 1 łyżkę wody,

D – kilka kropli soku z cytryny,

O – szczyptę kurkumy,

Z – szczyptę słodkiej papryki,

M – szczyptę imbiru.

Pasta smakuje najlepiej z ciemnym pieczywem, najlepiej własnego wypieku.

Twarożek śniadaniowy wiosenny

Do miseczki włóż:

D – ok. 150 g twarożku (lub białego sera tłustego, rozrzedzonego kwaśną śmietaną do konsystencji twarożku),

O – posyp kurkumą, wymieszaj,

Z – dodaj szczyptę kminku mielonego,

M – wsyp drobno pokrojone: szczypiorek i 2-3 rzodkiewki, dodaj pieprz, trochę pieprzu ziołowego,

W – wsyp sól do smaku, wymieszaj wszystko dokładnie.

Pasztet z soczewicy

W – Ugotuj 300-350 g soczewicy według przepisu podstawowego (wody ma być dwa razy więcej niż ziaren), następnie zmiksuj, ale krótko, bo inaczej zrobi się ciapa.

D – Namocz 1 dużą czerstwą bułkę w wodzie z 1 łyżką soli, potem zmiel i dodaj do ugotowanej soczewicy. Wymieszaj,

O – dodaj 1 łyżeczkę majeranku i szczyptę kurkumy,

Z – wbij 2 jajka, ½ łyżeczki kminku i dobrze wymieszaj.

Z – Wlej na patelnię ⅔ szklanki oleju

M – i usmaż drobno pokrojone 3 duże cebule i 4-5 ząbków przeciśniętych przez praskę czosnku,

W – dodaj sól do smaku,

D – dodaj 1 łyżkę drobno pokrojonej natki pietruszki,

O – szczyptę kozieradki.

Blachę wysmaruj olejem i wlej masę pasztetową.

Piekarnik nagrzej do 180°C. Piecz pasztet 50-60 min.

Pasztet mięsny

O - Do 4 lirów wrzącej wody wrzuć szczyptę tymianku i rozmarynu oraz pokrojone w średnie kawałki:

Z - ½ kg wołowiny, ½ kg cielęciny, 1 łyżeczkę mielonego kminku,

M - liść laurowy, 6 ziaren ziela angielskiego, pieprz czarny w ziarnach, 5 cebul, 7-8 ząbków czosnku,

W -1 kg surowego boczku.

Gotuj mięsa pod przykryciem na małym ogniu przez 2 godziny, następnie dodaj w całości:

D - ½ kg wątroby cielęcej i ½ kg wątróbki drobiowej.

Gotuj wszystko przez kolejne 2 godziny. Odlej szklankę rosołu i namocz w niej 2 czerstwe bułki (D).

Po ostudzeniu mięso przekręć 3 razy przez maszynkę wraz z cebulą, czosnkiem i odciśniętymi bułkami.

Do zmielonej masy dodawaj:

D - bazylię,

O - szczyptę kurkumy, majeranek,

Z - 4 jajka, mielony kminek,

M - imbir, chili, mieloną gałkę muszkatołową, ostrą paprykę, cząber,

W - ok. 2 łyżki soli.

Wszystko dobrze wymieszaj (lub wyrabiaj w malakserze).

Nagrzej piekarnik do 180-200°C, formę na pasztet wysmaruj olejem, oprósz bułką tartą. Włóż masę pasztetową do ⅔ wysokości formy i piecz 1,5-2 godziny. Natomiast formę z pasztetem, włóż do jeszcze większego naczynia z wodą i piecz w ten sposób. Zapobiega to wysuszeniu wypieku.

Sosy i farsze

Sos indyczy

Umyj i pokrój w kostkę ok. 1 kg indyka (pierś, mięso gulaszowe, itd.). Obsyp kawałki przyprawami – po ½ łyżeczki:

W – solą,

D – bazylią,

O – kurkumą,

Z – kminkiem mielonym,

M – imbirem mielonym.

Wymieszaj kawałki mięsa i odstaw.

Poszatkuj w cienkie półkrążki 5 sporych cebul, popieprz, posól. Odstaw.

Weź garnek ok. 3-3,5-litrowy i wstaw w nim ok. 1,5 litra wody.

Na patelni dobrze rozgrzej niewielką ilość oliwy z oliwek. Na gorący tłuszcz włóż mięso, obsmażaj je na sporym ogniu do zrumienienia.

Zdejmij mięso i na tym samym tłuszczu podsmaż cebulę.

Do garnka z gotującym wrzątkiem wrzuć:

O – ½ łyżeczki tymianku,

Z – ½ łyżeczki miodu,

M – obsmażonego indyka, 1 liść laurowy, 2 ziarna ziela angielskiego, ½ łyżeczki kardamonu, ¼ łyżeczki pieprzu Cayenne,

W – posoloną cebulę, 1 pełną łyżeczkę soli,

D – 1 łyżeczkę suszonego (lub świeżego) koperku.

Gotuj do miękkości mięsa i cebuli, co najmniej ½ godziny.

Następnie:

D – dodaj ok. 1 łyżkę soku z cytryny,

O – szczyptę kurkumy

Z – i zagęść 2-3 łyżeczkami mąki ziemniaczanej, rozmieszanej w połowie szklanki wody,

M – zakończ pieprzem

W – i solą do smaku.

Sos podawaj do ziemniaków, kaszy gryczanej, jaglanej, kuskusa, ewentualnie jedz z czerstwym chlebem.

Sos wieprzowy

Ok. 1 kg żeberek wieprzowych dobrze umyj lub pomocz w wodzie ½ godziny. Pokrój w paski. Następnie odsącz z wody lub osusz ściereczką.

Sporządź mieszankę:

Z - 2 łyżeczki mąki ziemniaczanej,

M - 1 łyżeczka pieprzu ziołowego, ⅓ łyżeczki pieprzu Cayenne,

W - 1 łyżeczka soli,

D - ½ łyżeczki bazylii,

O - 1 łyżeczka majeranku.

Posyp nią kawałki mięsa, obtocz dokładnie i odstaw na 2-3 kwadranse. Potem obsmażaj na rozgrzanym oleju każdy kawałek z obu stron do uzyskania brązowego koloru i mocnego aromatu.

W garnku ok. 2-3 litrowym zagotuj ok. 1,5-2 litry wody.

O - Na gotujący wrzątek wrzuć po ½ łyżeczki tymianku i kurkumy,

Z - 1 łyżeczkę kminku mielonego,

M - 1 łyżeczkę imbiru, 3 ziarna ziela angielskiego, 1 listek laurowy,

W - 1, 5 łyżeczki soli, dobrze obsmażone żeberka.

Przykręć gaz, przykryj garnek pokrywką (może być lekko uchylona), gotuj do miękkości mięsa, czyli 1-1,5 godziny. Spróbuj, czy nie brakuje soli - jeśli tak - dodaj odrobinę.

Gdy mięso jest już miękkie, przygotuj zasmażkę.

Zasmażka:

Z - Na rozgrzany olej wrzuć 5 dużych pokrojonych, cebul oraz 7-8 dużych, przeciśniętych przez praskę, ząbków czosnku,

M - dodaj szczyptę chili,

W - sól.

Duś wszystko do uzyskania złoto-brązowego koloru, a następnie dodaj

D - ok. 5 łyżek mąki pszennej.

Mieszaj energicznie, zasmażaj.

O - Na koniec dodaj jeszcze odrobinę kurkumy, ewentualnie wrzątku, jeśli jest za gęste,

Z - nieco mąki ziemniaczanej wymieszanej z wodą, jeśli jest za rzadkie, ciut kminku,

M - pieprz czarny

W - i sól do smaku.

Sos wołowy

Z - ½ kg wołowiny pokrój w średnie kostki,

M - przypraw pieprzem ziołowym

W - i solą.

Pomieszaj, pozostaw w ziołach przez 20-30 min. Następnie usmaż mięso krótko na dosyć ostrym ogniu, na oleju. Odłóż.

W 1,5-litrowym garnku zagotuj wodę.

O - Na wrzątek wrzuć ½ łyżeczki tymianku, ⅓ łyżeczki kurkumy,

Z - kminek, włóż usmażoną wołowinę,

M - kardamon, imbir, pieprz czarny i biały, liść laurowy, pokrojone 4 cebule (lub białe części z 2 dużych porów),

W - sól do smaku.

Duś do miękkości cebuli.

D - Następnie dodaj bazylię, 1 łyżeczkę soku z cytryny (lub kieliszek białego wina), jeśli sos jest bardzo rzadki można zagęścić go delikatnie 1 łyżeczką mąki pszennej, rozpuszczonej w ⅓ szklanki wody,

O - dodaj szczyptę kurkumy, majeranku, kminku i pieprzu. Podduś jeszcze kilka minut.

Zestawiaj z ryżem, grubym makaronem, kaszką kuskus lub kaszą gryczaną.

Sos pieczarkowo-cebulowy

Z – Rozpuść na patelni 1 łyżkę masła z dodatkiem oleju/oliwy,

M – dodaj 2 drobno pokrojone cebule, pieprz czarny,

W – wrzuć ok. 300 g umytych, pokrojonych pieczarek, zrumień, posól do smaku.

Przykryj i duś ok. 20 minut aż do miękkości cebuli.

W/D – W ⅓ szklance zimnej wody zmieszaj 1 łyżeczkę mąki pszennej i 1 łyżeczkę kwaśnej, gęstej śmietany, dodaj do sosu, wymieszaj,

O – dodaj ¼ łyżeczki kurkumy,

Z – szczyptę papryki słodkiej,

M – szczyptę imbiru.

Sos jest znakomity do kopytek, klusek, pierogów i innych potraw mącznych. Poczciwe kasze i ziemniaki również sosem tym nie pogardzą.

Sos cebulowo-marchewkowy

O – Na patelnię wlać wrzątek,

Z – wlać trochę oliwki, wrzucić drobno startą 1 marchewkę,

M – dorzucić poszatkowane drobno 2 cebule, 1 wyciśnięty ząbek czosnku, pieprz czarny do smaku, 1 mały liść laurowy,

W – sól do smaku.

Duś warzywa pod przykryciem, do miękkości, po czym

D – dopraw sokiem z cytryny (1-2 łyżeczki – sprawdź, smakując),

O – szczyptą kurkumy,

Z – zagęść małą ilością mąki ziemniaczanej (⅓ łyżeczki) rozmieszanej w ¼ szklanki chłodnej wody,

M – dopraw na ostrość

W – i słoność.

Sos pomidorowy

Sparz 5-6 dojrzałych pomidorów, obierz ze skórki.

Z – Na patelnię wlej olej, rozgrzej i wrzuć pokrojoną w talarki 1 marchewkę, dodaj ½ łyżeczki kminku,

M – wrzuć poszatkowane 2 cebule i 5 wyciśniętych ząbków czosnku, podsmażaj, dopraw białym i czarnym pieprzem, mielonym liściem laurowym,

W – solą,

D – bazylią,

O – kozieradką,

Z – słodką papryką,

M – imbirem i odrobiną chili.

Gdy warzywa się lekko zarumienią, wlej powoli ½ szklanki chłodnej wody, mieszając i duś wszystko pod przykryciem aż do miękkości warzyw.

Spróbuj na słoność.

D – Pokrój obrane pomidory i dodaj do duszonki, przykryj i duś jeszcze 5 minut, po czym zmiksuj wszystko blenderem. Jeśli jest taka potrzeba, dodaj koncentrat pomidorowy, zacznij od 1 łyżki,

O – dodaj ciut kurkumy,

Z – 1 łyżeczkę masła, a jeśli sos jest zbyt kwaśny, dodaj 1-2 łyżeczki miodu lub cukru trzcinowego.

Taki sos wspaniale nadaje się do spaghetti w wersji jarskiej, ryżu, kaszy jaglanej, ziemniaków.

Farsz cebulowy

Z - Na roztopione 3 łyżki masła z dodatkiem oliwy

M - wrzuć 4 pokrojone cebule i 2-3 wyciśnięte ząbki czosnku, dodaj pieprzu czarnego, ziołowego i gałki muszkatołowej - po szczypcie,

W - posól do smaku.

Podsmażaj chwilę na złoty kolor, następnie zmniejsz ogień i duś pod przykryciem do miękkości.

D - Do farszu dodaj szczyptę bazylii oraz 1 łyżeczkę kwaśnej śmietany (lub zagęść łyżeczką mąki pszennej rozmieszanej w małej ilości zimnej wody),

O - szczyptę kurkumy,

Z - szczyptę mielonego kminku,

M - pieprz do smaku.

Farsz nadaje się, zarówno do naleśników, jak i na chleb.

Farsz szpinakowo-czosnkowy

Z Na rozgrzaną patelnię z oliwą

M - wrzuć poszatkowaną drobno 1 cebulę i 5 wyciśniętych ząbków czosnku, dodaj pieprzu czarnego, szczyptę imbiru,

W - sól do smaku, chwilę podsmażaj, po czym wrzuć ½ kg umytych i pokrojonych pieczarek, duś do miękkości.

D - Wrzuć 2 opakowania mrożonego szpinaku, duś wszystko razem 20 minut, dodaj 3-4 łyżki kwaśnej śmietany,

O - szczyptę tymianku i kurkumy,

Z - szczyptę kminku mielonego i słodkiej papryki, 70-100 g żółtego sera,

M - pieprz

W - i sól do smaku.

Farsz z kapusty

Skrój ½ główki kapusty, zalej wodą tylko tyle, by przykryła jarzynę, zagotuj. Gotuj 5-10 minut w otwartym garnku, by uleciały substancje wzdymające.

Odcedź (najlepiej do naczynia, potem tej wody użyj na zupę, do kolacji lub wypij, gdyż zawiera wiele witamin).

Z - Na patelnię z olejem i oliwą

M - wrzuć 2 drobno poszatkowane cebule i podgotowaną kapustę, dodaj po trochu czarnego pieprzu, cząbru, mielonej kolendry, imbiru, odrobinkę pieprzu Cayenne,

W - posól wszystko,

D - dodaj garść koperku i/lub poszatkowanej natki pietruszki, wymieszaj i duś do miękkości pod przykryciem. Co jakiś czas mieszaj.

Po czym dodaj 1 łyżeczkę soku z cytryny,

O - szczyptę tymianku,

Z - 1 łyżeczkę kminku mielonego.

Na koniec możesz delikatnie zgęścić małą ilością mąki ziemniaczanej rozmieszanej w zimnej wodzie (1 płaska łyżeczka na ⅓ szklanki).

Pieczywo

Chleb domowy na zakwasie

Do zrobienia chleba według tradycyjnej receptury potrzebny jest zakwas. Robi się go na 2 dni przed pieczeniem.

Zakwas:

Do szklanki mąki dodaj 2 łyżki surowego żurku i tyle ciepłej wody z solą, by ciasto było rzadkie. Wymieszaj i włóż do ceramicznej miseczki, przykryj ściereczką z naturalnego materiału (płótno, bawełna). Najpierw odstaw miskę w ciepłe miejsce (np. przy kaloryferze) na 2-3 h, potem przez dobę niech stoi w temperaturze pokojowej.

Następnego dnia wieczorem zrób zaczyn na chleb:

Weź zrobiony poprzedniego dnia zakwas i zmieszaj go z letnią wodą oraz częścią mąki przygotowanej na chleb. Masa ma mieć konsystencję gęstej śmietany. Zaczyn w naczyniu owiń ściereczką i kocykiem, chroniąc go przed światłem i ewentualnym zimnem. Zostaw na noc.

Nazajutrz rano wyjmij zaczyn. Jeżeli zamierzasz upiec chleb za kilka dni czy za tydzień, zostaw kawałek zaczynu na następny raz. Włóż go do filiżanki i wstaw do lodówki. Jeśli nie planujesz następnego pieczenia, wykorzystaj cały zaczyn.

Chleb:

D – Do zaczynu dodaj 350 g maki razowej pszennej,

O – 150 g mąki razowej żytniej,

Z – 1 łyżkę mąki ziemniaczanej, 1 białko jaja (żółtko przyda się na końcu) i dużą szczyptę kminku mielonego,

M – szczyptę gałki muszkatołowej,

W - 10 g soli,

D – trochę maki pszennej,

O - szczyptę kurkumy.

Wyrabiaj ciasto 15-20 minut, aż będzie elastyczne i nieklejące. Po wyrobieniu owiń masę tak ciepło, jak wcześniej zaczyn i odstaw na 3 godziny w ciepłe miejsce.

Potem znów krótko wyrabiaj, a następnie włóż ciasto do podłużnej formy tak, by sięgało mniej więcej do jej połowy. Wierzch ciasta posmaruj żółtkiem, możesz też posypać całym kminkiem, ziarnami słonecznika lub czymś innym.

Piekarnik nagrzej do ok. 170°C, piecz chleb około 1 godziny.

Po upieczeniu wyjmij od razu z formy na deskę, owiń ściereczką i włóż do woreczka foliowego (ten zabieg zmiękcza skórkę) i pozostaw do ostygnięcia. Na koniec włóż chleb do woreczka płóciennego lub papierowej torebki.

Chleb ma niepowtarzalny smak i zapach, ma swą słuszną wagę, jak na chleb z prawdziwego zdarzenia przystało i pozostaje świeży przez długie dni. Smakuje choćby z samym masłem!

Źródło przepisu:

„Makrobiotyka. Sztuka zdrowego i długiego życia", S. Pietyra-Rufin,

modyfikacja: autorka

Chleb drożdżowy

Zacznij od przygotowania zaczynu:

D - Do 25 g rozkruszonych świeżych drożdży i ok. 150 g białej pszennej mąki

O - dolej 1 szklankę ciepłej wody,

Z - szczyptę cukru trzcinowego, rozmieszaj dokładnie, odstaw do wyrośnięcia w ciepłe miejsce, przykrywając suchą ściereczką.

Z - Do zaczynu dodaj 2 łyżki oliwy z oliwek, 1 łyżkę mąki kukurydzianej, ½ łyżeczki kminku mielonego, 1 białko jajka (żółtko odłóż),

M - szczyptę gałki muszkatołowej,

W - 1 łyżeczkę soli,

D - 150 g mąki pszennej razowej, zagniataj ciasto, dodając

O - 200 g mąki żytniej razowej i ⅓ łyżeczki kurkumy.

Wyrabiaj ręcznie kilka minut. Ciasto powinno być jednolite, dosyć zbite i odstawać od ręki. Uformuj pożądany kształt i ułóż w natłuszczonej olejem formie. Przykryj ściereczką i odstaw na ½ godziny do ponownego wyrośnięcia w ciepłym miejscu.

Z - Przed samym włożeniem do piekarnika możesz posypać chleb makiem i posmarować żółtkiem jego wierzch.

Nagrzej piekarnik do ok. 180°C i piecz 45-50 minut.

Bułki pszenno-żytnie

Przygotuj zaczyn:

D – 20 g rozkruszonych świeżych drożdży i 4 łyżki pszennej razowej mąki

O – zalej ⅔ szklanki ciepłej wody, wymieszaj,

Z – dodaj ½ łyżeczki cukru trzcinowego.

Przykryj czystą bawełnianą ściereczką i odstaw w ciepłe miejsce na 20-30 minut, aby zaczyn powiększył swą objętość.

D – Do miski wsyp 1 szklankę białej mąki pszennej i ⅓ szklanki razowej mąki pszennej,

O – dodaj ½ szklanki razowej żytniej mąki, ¼ łyżeczki kurkumy,

Z – dodaj zaczyn, 2 łyżeczki oliwy z oliwek,

M – szczyptę mielonej gałki muszkatołowej,

W – 1 łyżeczkę soli.

Wyrabiaj ciasto ręcznie przez około 5 minut, jeśli pojawiają się pęcherzyki, to odgazuj je, chwilę jeszcze wyrabiając. Masa ma być elastyczna i jednolita. Umieść ją w misce, przykryj ściereczką i odstaw w ciepłe miejsce na 1 godzinę.

Z wyrośniętego ciasta uformuj 6 kulek, umieść na blasze wyłożonej papierem do pieczenia, natnij każdą ostrym nożem na ½ lub na krzyż.

Nagrzej piekarnik do 190°C i piecz ok. 20-30 minut (w zależności od piekarnika). Wyłącz, gdy bułki są złocistego koloru.

Słodkości

Jabłecznik Dominiki

Szybkie i smaczne ciasto, na które przcpis dała Siostra.

Obierz 1 kilogram jabłek i pokrój je w talarki. Następnie posyp delikatnie kurkumą, wymieszaj i odstaw.

Do sporej miski wsyp:

D – 1 szklankę mąki pszennej (zalecam pół na pół białą i razową), 1 łyżeczkę sodki,

O – ½ łyżeczki kurkumy,

Z – dodaj 5 jajek, ½ szklanki cukru trzcinowego (ewentualnie miodu lub ksylitolu), 1 szklankę oleju, 1 łyżeczkę cynamonu,

M – 1 płaską łyżeczkę kardamonu, ⅓ łyżeczki imbiru, ⅓ łyżeczki gałki muszkatołowej,

W – szczyptę soli.

Składniki zmieszaj mikserem, dodaj jabłka, wymieszaj. Blachę wysmaruj masłem, posyp bułką tartą i wlej ciasto. Piecz w 180°C przez ok. 1 godzinę. Jest to zalecenie dotyczące piekarnika gazowego. Z doświadczenia wiem, że w piecyku elektrycznym ten czas się skraca do ok. 40 min.

Jogurt na słodko

Ten jogurt wspaniale zastąpi słodycze czy lody na letni podwieczorek.

D – Do małego jogurtu naturalnego wsyp

O – szczyptę kakao,

Z – 1 łyżeczkę ulubionego dżemu, miód do smaku, cynamon,

M – imbir, gałkę muszkatołową (nie za dużo, chyba że ktoś lubi).

Kanapki a la nutella

Ten przysmak wymyśliłam dla mojego kilkuletniego syna, gdy zapragnął Nutelli. Oto jej zdrowsza wersja:

Kromki chleba posmaruj masłem, następnie:

O – wsyp na nie trochę kakao,

Z – dodaj płynnego miodu, rozsmarować równomiernie (kolor powinien być brązowy), posyp cynamonem

M – i imbirem, rozsmaruj ponownie (żeby nie zakrztusić się przyprawami, szczególnie imbirem).

Zajadaj ze smakiem!

Pieczone gruszki z miodem

Weź 2-3 słodkie, raczej twarde gruszki, umyj, osusz, przekrój na połówki, wydrąż w każdej środek, nastaw piekarnik na ok. 180°C.

Z - Każdą część gruszki polej każdą płynnym miodem, ale tak, by nie spływał, posyp cynamonem,

M - kardamonem i imbirem,

W - leciutko osól,

D - skrop sokiem z cytryny,

O - oprósz odrobiną kakao.

Włóż do brytfanki wyłożonej folią spożywczą i zapiekaj ok. 20 minut.

Słonecznikowa pychotka

Oto przepis na małe co nieco, gdy bardzo się chce czegoś słodkiego. W czasie dojo i zimą nie przesadzaj z częstotliwością ;)

Poniższe proporcje są na 100 g słonecznika łuskanego.

Z - Słonecznik podprażaj na suchej patelni (najlepiej dobrej, teflonowej) na małym ogniu, często mieszając. Ziarenka mają być zarumienione. Przesyp do miseczki gorący słonecznik i dodaj 1 łyżkę miodu, ½ łyżeczki cynamonu,

M - ⅓ łyżeczki imbiru, chili lub pieprzu Cayenne na czubku łyżeczki.

Wymieszaj, poczekaj aż stężeje i zajadaj.

Ciasto marchewkowe

Z 6 jajek oddziel żółtka od białek. Następnie:

Z - żółtka utrzyj z 200 g ciemnego cukru trzcinowego, dodaj 400 g startej grubo marchwi, 100 g mielonych migdałów, 100 g mielonych orzechów, 100 g mąki kasztanowej lub kukurydzianej, 1 łyżeczkę cynamonu,

M - ½ łyżeczki imbiru, ½ łyżeczki mielonych goździków, 1 łyżeczkę kardamonu, ½ łyżeczki chili,

W - dużą szczyptę soli,

D - 50 g mąki pszennej, 1 pełną łyżeczkę sody,

O - 1 łyżeczkę kurkumy, wszystko dokładnie wymieszaj,

Z - zaś na koniec dodaj osobno ubite białko i wymieszaj z resztą masy, ale bardzo delikatnie.

Całość wlej na blachę wyłożoną papierem i piecz w 180°C.

Piernik

Ten piernik to prawdziwa uczta dla smakoszy bakaliowo-korzennych słodkości!

Z – 1 szklankę cukru białego i ½ szklanki cukru brązowego utrzyj z kostką masła, następnie dodaj 5 żółtek (z białek ubij osobno pianę), 1,5 łyżeczki cynamonu,

M – po 1 pełnej łyżeczce: gałki muszkatołowej, mielonych goździków, kardamonu i imbiru,

W - szczyptę soli, dobrze wymieszaj,

D - wrzuć 3 szklanki mąki pszennej i 2 łyżeczki sodki,

O - szczyptę kurkumy, 1 pełną łyżka kakao,

Z – ½ szklanki świeżego tłustego mleka, ⅓ szklanki płynnego miodu, pianę z uprzednio ubitych białek, wymieszaj, dodaj po 1 łyżce drobno pokruszonych (lub zmielonych) orzechów laskowych i włoskich oraz migdałów, 2-3 łyżki sparzonych na sitku rodzynek,

M - i 1 płaską łyżeczkę imbiru.

Zmieszaj całość.

Przygotuj formę wysmarowaną masłem i oprószoną mąką z drobną bułką tartą. Przy wlewaniu ciasta pilnuj, by sięgało maksymalnie do ⅔ wysokości formy, ponieważ w trakcie pieczenia sporo urośnie.

Nagrzej piekarnik do 180°C i piecz ok. 1 godziny.

Faworki

To przepis wzięty od mojej Mamy, który nigdy nie zawodzi!

Ciasto:

D - Na stolnicę wysyp ½ kg mąki

O - dodaj szczyptę kurkumy,

Z - 6 żółtek, 1 całe jajko, 30 g masła,

M - szczyptę imbiru, 1 łyżkę spirytusu (ostatecznie użyj octu spirytusowego),

W - szczyptę soli,

D - 3 łyżki śmietany,

O - odrobinę kurkumy.

Tłuszcz do smażenia:

W - 2 opakowania dobrego smalcu wieprzowego.

Wyrabiaj ciasto ręcznie, na stolnicy. Sztuką jest wyrobić je bez podsypywania mąką (ponieważ z jej użyciem faworki „palą się" na patelni, a tłuszcz malowniczo pryska na boki...), a ten przepis jest tak dobrze skonstruowany, że da się to zrobić. Ciasto wyrabiaj przynajmniej kwadrans, aż do uzyskania elastycznej, odstającej od ręki, masy. Schowaj całość do lodówki na około ½ godziny, uprzednio wkładając do woreczka foliowego.

Następnie wykrój z całej masy ćwiartkę, a resztę schowaj z powrotem. Kawałek rozwałkuj na jak najcieńszy placek (co też jest nie lada sztuką!), następnie krój na podłużne (ale niezbyt długie), prostokąty o szerokości ok. 2,5 cm z 3-4 centymetrowymi nacięciami w środku. Przez te nacięcia każdy faworek wywiń i połóż na czystej, bawełnianej ściereczce (przygotuj ich kilka).

Rozpuść na patelni (lub w garnku) 1 paczkę smalcu, rozgrzej i wkładaj kolejno faworki. Kiedy się zarumienią na ciemno-złocisty kolor, obróć na drugą stronę dwoma widelcami. Układaj warstwami na dużych talerzach wyłożonych serwetkami lub ręcznikami papierowymi. Kiedy wykorzystasz pierwszą część ciasta, wykrój kolejną ćwiartkę i postępuj tak samo.

Smażenie całości trwa 1,5 do 2 godzin, ale przecież warto! Kiedy już wszystkie faworki ostygną, posypuj je warstwowo cukrem pudrem wymieszanym z odrobiną cynamonu.

Kutia pszeniczna z bakaliami

½ szklanki pszenicy (lub pęczaku) dokładnie opłucz na sitku pod bieżącą wodą.

W - Do 1 i ¼ wody z solą

D - wrzuć pszenicę,

O - dodaj szczyptę kurkumy, doprowadź do wrzątku.

Gotuj na małym ogniu, pod półprzykryciem, dopóki woda nie wyparuje. Odstaw.

Namocz 1 łyżkę rodzynek, 2 figi i 2 daktyle w ciepłej wodzie. Następnie figi i daktyle pokrój w paseczki.

Z - ½ szklanki maku sparz wrzątkiem, osącz, zmiel 3 razy w maszynce, utrzyj z miodem, dodaj do pszenicy, wymieszaj, dodaj odcedzone rodzynki, pokrojone figi z daktylami, ½ łyżki: miodu, posiekanych orzechów i migdałów, posyp cynamonem,

M - kardamonem i imbirem, wymieszaj.

Przetwory

Ogórki kiszone

Przygotuj wyparzone słoiki. Zakrętki (z gumką lub bez) muszą być całkiem suche.

D - W każdym słoiku ułóż w miarę ciasno umyte ogórki,

O - dodaj ziarna gorczycy,

Z - odrobinę całego kminku,

M - pieprzu w ziarnach, ziela angielskiego, sporo ząbków czosnku, korzeń chrzanu lub korzeń imbiru, kwiatostan kopru.

W - Przygotuj wodę z solą (1 płaska łyżka na 1 litr wody), zagotuj i takim roztworem zalej ogórki. Po czym natychmiast zakręć.

Odstaw w zaciemnione miejsce, a po 3-4 dniach możesz je zagotować przez kwadrans, by ich nie „przekisić" i by dobrze się zakonserwowały.

Dynia w occie

Tradycyjnic robi się ją przcz 3 dni.

1 kg dojrzałej, ale twardej dyni umyj, obierz, usuwając pestki. Pokrój w kostkę.

O – Do garnka z wrzącą wodą

Z – wsyp szczyptę cynamonu,

M – imbiru,

W – soli,

D – parę kropli soku z cytryny,

O – szczyptę kurkumy

Z – wrzuć dynię, gotuj przez ok. 5 minut, wyjmij.

Przygotuj zalewę w garnku:

O – Do ¾ szklanki wrzątku

Z – wsyp 200 g cukru trzcinowego,

M – dodaj szczyptę pieprzu czarnego, 5-6 goździków,

W – szczyptę soli,

D – 1 i ¼ szklanki octu 10%,

O – szczyptę kurkumy.

Wrzuć kawałki dyni, zagotuj wszystko razem, wyłącz i zostaw na drugi dzień. Nazajutrz odcedź dynię, a powstały syrop zlej znów do garnka, zagotuj i wrzącym zalej kawałki dyni. Znów odstaw. Trzeciego dnia zagotuj dynię wraz z zalewą i wlej do wyparzonych, suchych słoików, mocno je potem zakręcając i stawiając do góry dnem.

Jest to wspaniały słodko-kwaśny dodatek do obiadu i jako element imprez okolicznościowych. Pasuje do wszystkich mięs, ziemniaków i kasz.

Wyjęte z dyni pestki możesz ususzyć i spożywać jako zdrową przekąskę o silnych właściwościach przeciwpasożytniczych.

Dżem owocowy

Zbierz 1 kg dojrzałych, jak najsłodszych owoców: jagody, porzeczki, śliwki, agrest, truskawki, wiśnie, czereśnie, maliny itd. Ogólnie wszystkie te owoce uważam za kwaśne, bądź kwaskowate, traktuję je więc jak Przemianę Drzewa.

Owoce umyj, osącz, odrzuć zepsute czy nadgniłe sztuki, z pozostałych usuń pestki, szypułki, czy ogonki. Podziel na pół.

D – Połowę owoców umieść w garnku o grubym dnie (lub wysokiej patelni) i zmiażdż,

O – oprósz lekko kurkumą,

Z – zasyp ½ kg cukru trzcinowego i odstaw na 2-3 godziny.

Potem postaw na małym ogniu, dodaj 1 łyżeczkę cynamonu,

M – ½ łyżeczki imbiru,

W – ½ łyżeczki soli, wymieszaj i gotuj, aż masa, zacznie gęstnieć,

D – wtedy dorzuć drugą połowę owoców i gotuj cały czas mieszając.

Dżem jest gotowy wówczas, gdy przeniesiony łyżeczką na talerzyk, łatwo krzepnie.

Gorącą masę wlewaj do wyparzonych, suchych słoików, mocno zakręć i obróć do góry dnem.

Szybki dżem truskawkowy

Z Dojrzałe, słodkie truskawki (lub czereśnie, brzoskwinie itp.) pokrój, wrzuć na patelnię, dodaj 1 łyżeczkę cukru trzcinowego, szczyptę cynamonu,

M - imbiru,

W - ciut soli,

D - parę kropli soku z cytryny,

O - szczyptę kurkumy, chwilę odparowuj, mieszając,

Z - po czym oprósz małą ilością mąki ziemniaczanej, jeśli chcesz całość zagęścić.

Napoje

Kawa gotowana pięć smaków

Wlej pełen kubek/szklankę wody do garnka 0,5-0,7-litrowego. Zagotuj.

O – Na wrzącą wodę wsyp 1-2 łyżeczki kawy naturalnej,

Z – szczyptę cukru trzcinowego lub cynamonu,

M – szczyptę kardamonu, imbiru lub kolendry, a nawet chili, jeśli się nie boisz,

W – szczyptę soli lub 1 łyżeczkę zimnej wody,

D – 2-3 krople soku z cytryny.

Gotuj 1-2 minuty.

Posłódź miodem lub innym naturalnym słodem (ksylitol, melasa, naturalny cukier trzcinowy).

Dla urozmaicenia, na sam koniec możesz czasem dodać kakao w smaku gorzkim (O).

Kawa zbożowa gotowana

Najlepsza dla dzieci oraz dorosłych zwolenników zbożówki. Dzieciom podajemy ją rano po przebudzeniu i po południu przy podwieczorku.

O – Na ½ l wrzącej wody wrzuć 1 torebkę kawy Anatol.

Gotuj ok. minuty, wyjmij torebkę, lekko „dusząc", dodaj:

Z – 1 łyżeczkę miodu, szczyptę cynamonu,

M – szczyptę kardamonu i imbiru,

W – szczyptę soli,

D – parę kropli soku z cytryny.

Gotowanie miodu zapobiega reakcjom alergicznym uczulonym na niego dzieciom.

Herbatka wiosenno-letnia

Na 1,5 litra wrzącej wody dodaj:

O - ½ łyżeczki tymianku,

Z - 1 łyżeczkę lukrecji,

M - ⅓ łyżeczki imbiru, ½ łyżeczki liści mięty,

W - szczyptę soli,

D - sok z cytryny do smaku.

Gotuj 2-3 minuty.

W szczególnie gorące dni, możesz zwiększyć ilość mięty.

Herbatka z lukrecją

O - Do 1,5 litra wrzącej wody wsyp po ½ łyżeczki tymianku i nagietka,

Z - 1 pełną łyżeczkę lukrecji,

M - plaster świeżego imbiru, szczyptę kardamonu.

Gotuj 2-3 minuty.

Herbatka ziołowa ze stewią

O - Na 1,5 litra wrzącej wody wsyp ½ łyżeczki majeranku,

Z - 1 łyżeczka liści stewii, szczypta cynamonu,

M - szczypta imbiru mielonego, szczypta chili.

Herbatka ziołowa z macierzanką

O – Na 1,5 litra wrzącej wody wrzuć ½ łyżeczki rozmarynu,

Z – 1 pełną łyżeczkę macierzanki,

M – ⅓ łyżeczki imbiru.

Gotuj 1 minutę.

Czarna herbata z goździkiem

O – Na 2 szklanki wrzącej wody wsyp 1 łyżkę czarnej liściastej herbaty,

Z – ½-1 łyżeczkę liści stewii (do smaku),

M – 2-3 goździki.

Gotuj 1 minutę.

Zioła na przeziębienie

Wskazane szczególnie przy kaszlu.

O – Na 2 szklanki wrzącej wody wsyp 1 płaską łyżeczkę hyzopu,

Z – 1 łyżkę lipy, szczyptę pokrzywy, szczyptę anyżu,

M – ½ łyżeczki imbiru mielonego.

Gotuj 1-2 minuty.

Napój imbirowy

Ten napój, zwany też „imbirówką", służy leczniczym celom w niestrawności, przejedzeniu (szczególnie słodyczami), przy wzdęciach, katarze, mokrym kaszlu, wychłodzeniu. Poprawia pracę żołądka, śledziony, wątroby. Na szklankę wrzątku wrzuć świeżego imbiru w kilku grubszych plastrach i gotuj 3 minuty na małym ogniu. Pij powoli, małymi łykami.

Dodatek 1. Skorowidz produktów

Oznaczenia:

Yin – natura zimna, działanie ochładzające (–)

Yang – natura ciepła, działanie ogrzewające (+)

A

ANYŻ – smak słodko-ostry

Ziemia/Metal, Neutralny/Yang

Znakomite zioło do kilkuskładnikowej herbatki codziennej. W mielonej wersji może służyć jako dodatek do wyrobów cukierniczych.

B

BARANINA – smak gorzki

Ogień, Yang

Mięso wspaniałe w naszym klimacie, potrzebne zimą. Zestawiać z neutralnymi i chłodzącymi produktami.

BAZYLIA – smak kwaśny

Drzewo, Yin

Niezbędna w potrawach gotowanych, szczególnie przy użyciu pomidorów.

BAŻANT – smak ostry

Metal, Neutralny/Yang

BÓB – smak słodki

Ziemia, Neutralny

Polecam gotowanie bobu w wodzie z solą i imbirem – poprawia trawienie.

BROKUŁY – smak ostry

Metal, Yang

BRUKSELKA - smak ostry

Metal, Yang

BURAK - smak gorzko-słodki

Ogień/Ziemia, Yin

Ze względu na silnie ochładzające właściwości najlepiej jeść go wiosną, latem i późnym latem w różnych formach. W postaci barszczu dobrze doprawionego można spożywać też jesienią, rzadko zimą (tu najlepszy w wersji pikantnej).

C

CEBULA GOTOWANA/ DUSZONA/SMAŻONA - smak słodki

Ziemia, Yang

Polecana cały rok, sama - kładziona na czerstwy chleb, łączona z innymi duszonymi warzywami oraz mięsem. Wspaniała do każdej prawie zupy, gulaszu czy innych potraw na ciepło. Równoważy w potrawie składniki Yin (wychładzające).

CEBULA SUROWA - smak ostry

Metal, Yang

Dla osób ze zdrową wątrobą i silnym żołądkiem. Polecana do twarogu śniadaniowego, do kanapek, sałatek. Dla wrażliwych może być przelana na sitku wrzątkiem, traci wtedy drażniące substancje.

CHILI - smak ostry

Metal, Yang

CHRZAN (KORZEŃ) - smak ostry

Metal, Yang

CIECIERZYCA (CIECIORKA) - smak słony

Woda, Yin

CIELĘCINA - smak słodki

Ziemia, Yang

Szczególnie polecana małym i starszym dzieciom jako kanwa wszelkich zup i gulaszyków. Jedzona samodzielnie, w formie gotowanej, wymaga doprawienie musztardą i chrzanem.

CUKIER – smak słodki

Ziemia, Yin

Absolutnie niepolecany w naszym klimacie! Stosować należy go z dużym umiarem, w towarzystwie rozgrzewających posiłków, napojów, zimą zaś jak najrzadziej.

CURRY – smak ostro-słony

Metal/Woda, Yang

CYNAMON – smak słodko-ostry

Ziemia/Metal, Neutralny/Yang

Wspaniały składnik ocieplających herbat ziołowych, deserów, wypieków, naleśników, itd.

CYTRYNA – smak kwaśny

Drzewo, Yin

W odpowiedniej ilości dobrze równoważy pozostałe smaki. Konieczny do zup, owsianki, innych potraw gotowanych oraz napojów.

CZARNUSZKA – smak ostry

Metal, Yang

Polecana do kanapek.

CZĄBER – smak ostry

Metal, Yang

Polecany do potraw z roślin strączkowych i kapustnych. Ma właściwości przeciwwiatrowe.

CZOSNEK – smak ostry

Metal, Yang

Naturalny antybiotyk znany i ceniony od wieków w kuchni polskiej. Do wszelkich zup, duszonek, twarogów, jogurtów (w formie sosu), itd.

D

DAKTYL – smak słodki

Ziemia, Neutralny

Jako przekąska oraz do herbat ziołowych.

DROŻDŻE – smak kwaśny

Drzewo, Yin

DYNIA – smak słodki

Ziemia, Neutralna

Jedz jesienią i zimą, w formie zupy, jako dodatek do duszonek.

E

ESTRAGON - smak gorzki

Ogień, Yang

F

FASOLA - smak słony

Woda, Yin

Równoważ dużą ilością cebuli, czosnku, przyprawami ostrymi i gorzkimi. Dobrze odżywia nerki.

FENKUŁ - smak ostry

Metal, Yin

Polecane do zup i duszonek.

G

GAŁKA MUSZKATOŁOWA - smak ostry

Metal, Yang

GĘŚ (GĘSINA) - smak kwaśny

Drzewo, Yang

GOŁĄB - smak słony

Woda, Neutralny

GORCZYCA - smak ostry

Metal, Yang

GROCH - smak słodki

Ziemia, Neutralny/Yang

Aby zapobiec wzdęciom, zestaw z wieloma przyprawami (np. cząbrem) i smakiem kwaśnym.

GRUSZKA - smak słodki

Ziemia, Yin

Patrz: OWOCE SŁODKIE

GRZYBY - smak słodki

Ziemia, Yin

H

HERBATA CZARNA - smak gorzki

Ogień, Yin

Działa wysuszająco i wychładzająco. Można ją pić, ale z dodatkami i niekoniecznie codziennie.

HERBATA ZIELONA - smak gorzki

Ogień, Yin

I

IMBIR – smak ostry

Metal, Yang

Ma uniwersalne zastosowanie: od potraw słodkich, przez neutralne, jarzynowe, do słonych, mięsnych. Wzmacnia trawienie. Dobrze jest kończyć nim przyprawianie potraw ciężkostrawnych.

INDYK – smak ostry

Metal, Neutralny/Yang

Spożywaj 1-2 razy w tyg. (częstsze prowadzi do suchości w organizmie, np. do suchej skóry). Jedzony samodzielnie przypraw musztardą i chrzanem (jak inne rodzaje mięs). Zalecany z duszonymi i gotowanymi jarzynami.

J

JAGNIĘCINA – smak gorzki

Ogień, Yang

JAGODY – smak kwaśny

Drzewo, Yin

Patrz: OWOCE KWAŚNE

JAJKO – smak słodki

Ziemia, Neutralne

Zrównoważony produkt, polecany wszystkim: od najmłodszych do najstarszych. Jako produkt monosmakowy, jajko wymaga dodatku smaku kwaśnego oraz pozostałych.

JOGURT NATURALNY – smak kwaśny

Drzewo, Yin

Należy go dobrze doprawić. Równoważy potrawy rozgrzewające, zwłaszcza latem. Pasuje do kaszy gryczanej, placków ziemniaczanych i frytek.

K

KACZKA – smak kwaśny

Drzewo, Yin

Polecana jako skład rosołu.

KALAFIOR – smak ostry

Metal, Yin

Aby uniknąć wzdęć, gotuj go w wodzie z solą i imbirem, bez przykrywania.

KALAREPA – smak ostry

Metal, Yin

KAPUSTA – smak ostry

Metal, Yin

Ciężkostrawna. Należy ją doprawić (kminkiem, pieprzami, imbirem i resztą smaków).

KARDAMON – smak ostry

Metal, Yang

Do kawy gotowanej, słodkich wypieków, ale też zup i sosów.

KARP – smak słodki

Ziemia, Neutralny/Yang

W naszym klimacie bardzo polecany, również mamom karmiącym, jednak nie częściej niż raz w tygodniu.

KASZA GRYCZANA – smak gorzki

Ogień, Yang

W wersji niepalonej (jasny kolor) polecana dzieciom i osobom, którym przeszkadza charakterystyczny smak kaszy palonej.

KASZA JAGLANA – smak słodki

Ziemia, Neutralno-Yin

Ma właściwości śluzotwórcze. Niewskazana przy alergiach.

KASZA JĘCZMIENNA – smak ostry

Metal, Neutralna

KASZA KUKURYDZIANA – smak słodki

Ziemia, Neutralna/Yang

Podstawowy składnik zupek dziecięcych, polenty, oraz codziennej owsianki. Polecana jako produkt wzmacniający narządy elementu Ziemi.

KASZTAN JADALNY – smak słodki

Ziemia, Neutralny

Polecany jako deser dla dzieci alergicznych.

KEFIR – smak kwaśny

Drzewo, Yin

Patrz: JOGURT NATURALNY.

KETCHUP - smak kwaśny

Drzewo, Yin

Dobry w małych ilościach jako równoważnik pozostałych smaków. Sprawdza się z jajkiem na miękko, w jajecznicy - żelazo zawarte w jajku jest lepiej przyswajane dzięki smakowi kwaśnemu i witaminie C. Można zastąpić koncentratem pomidorowym.

KMINEK - smak słodki

Ziemia, Neutralny/Yang

Niezastąpiony składnik dobrej zup, sosów czy gulaszów.

KOLENDRA - smak ostry

Metal, Neutralna/Yang

KOPEREK - smak kwaśny

Drzewo, Yin

KRÓLIK - smak słodki

Ziemia, Yin

KUKURYDZA - smak słodki

Ziemia, Neutralna/Yang

Szczególnie kukurydza w kolbie.

KURCZAK - smak kwaśny

Drzewo, Yin

Nie polecam częstego jedzenia ze względu na smak kwaśny, który ma działanie kurczące i ochładzające oraz na warunki hodowlane kurcząt.

KUSKUS - smak kwaśny

Drzewo, Yin

Pasuje do duszonek mięsno-warzywnych, sosów pikantnych i słodkich. Nie jedzmy go zbyt często, najwyżej raz w tygodniu.

L

LIŚĆ LAUROWY - smak ostry

Metal, Yang

LUBCZYK - smak kwaśny

Drzewo, Yin

LUKRECJA - smak słodki

Ziemia, Neutralna

Wzmacnia element Ziemi w organizmie, tj. śledzionę, żołądek i trzustkę. Nie stosuje się samodzielnie, lecz z innymi ziołami.

Ł

ŁOSOŚ – smak słony

Woda, Yin

M

MAJERANEK – smak gorzki

Ogień, Yang

MAKARON JAJECZNY – smak słodki

Ziemia, Neutralny/Yin

Im więcej jaj przypada na kg maki użytej do wyrobu makaronu, tym jest bardziej słodki, bardziej wartościowy. Dobry do rosołów.

MAKARON (BEZ JAJ) – smak kwaśny

Drzewo, Yin

Taki makaron to prawie czysta pszenica, jest więc bardziej zakwaszający i śluzotwórczy niż jajeczny. Łącz go z duszonkami mięsno-jarzynowymi lub zupami o smaku pikantnym i naturze rozgrzewającej. Gotuj w wodzie z kurkumą, kroplą oliwy, imbirem i solą.

MAKRELA – smak słony

Woda, Yin

MARCHEW – smak słodki

Ziemia, Neutralna

Doskonale reguluje pracę jelit, wzmacniające przemianę Ziemi w organizmie.

MASŁO – smak słodki

Ziemia, Neutralne

Potrzebne wszystkim, ale szczególnie dzieciom, kobietom ciężarnym i karmiącym.

MĄKA PSZENNA – smak kwaśny

Drzewo, Yin

MĄKA ŻYTNIA – smak gorzki

Ogień, Neutralna

MIĘTA – smak ostry

Metal, Yin

Zioło chłodzące, więc używamy go tylko ciepłą wiosną i latem. Lepiej gasi pragnienie niż woda mineralna czy cola.

MIGDAŁY – smak słodki

Ziemia, Neutralne

Wzmacniają i odkwaszają organizm. Polecam 2-3 sztuk dziennie.

MIÓD – smak słodki

Ziemia, Neutralny

Powinien codziennie zastępować cukier. Gotowany traci swoje alergizujące działanie.

MLEKO KROWIE – smak słodki

Ziemia, Yin

Polecam tylko to, które pochodzi prosto od krowy (pełnotłuste, zawiera wartościowe składniki). Najlepiej pić je z miodem i czosnkiem. Z takiego mleka można zrobić zsiadłe mleko, jogurt, twaróg, śmietanę. Odradzam to ze sklepu (jest pasteryzowane, przetworzone, szkodliwe, działa śluzotwórczo, nie daje się sfermentować). Chroń przed nim dzieci!

MUSZTARDA – smak kwaśny

Drzewo, Yin

Polecana do mięs.

O

OCET BASAMICZNY/ JABŁKOWY/ WINNY– smak kwaśny

Drzewo, Yin

Może służyć jako kwaśny smak do duszenin zamiast soku z cytryny. Polecany jabłkowy, najlepszy własnej produkcji.

OGÓREK KISZONY – smak kwaśny

Drzewo, Yin

Odświeżający dodatek do drugiego dania, składnik sałatek.

OGÓREK ŚWIEŻY – smak kwaśny

Drzewo, Yin

OLEJ – smak słodki

Ziemia, Neutralny

OLIWA Z OLIWEK – smak słodki

Ziemia, Neutralna

OREGANO – smak gorzki

Ogień, Yang

ORZECHY WŁOSKIE - smak gorzko-słodki

Ogień/Ziemia, Yin/Neutralne

OWIES - smak ostry

Metal, Neutralny/Yang

Bardzo odżywcze zboże, niezbędne w dzieciństwie jako składnik owsianki. Polecane w każdym wieku jako wzmacniające.

OWOCE KWAŚNE (jabłko, pomarańcza, aronia, owoce leśne, agrest, itd.) - smak kwaśny

Drzewo, Yin

Zalecane są w małych ilościach, w miesiącach bardzo ciepłych i gorących, bo ochładzają i odświeżają. Owoce leśne: jagody i inne zawierające niebieski barwnik regulują pracę jelit, warto jeść je latem nawet na czczo, jeśli cierpisz na zaparcia. Ostrożnie natomiast z kwaśnymi cytrusami, są z innej strefy klimatycznej, bez szkody można jeść małe ilości latem, jeśli jest się zdrowym.

OWOCE SŁODKIE (banan, ananas, gruszka, itd.) - smak słodki

Ziemia, Yin

Nasze rodzime, sezonowe owoce są polecane i na surowo, i na ciepło (dla wrażliwszych organizmów), jako nawilżające i odżywiające. Gruszki jemy od sierpnia aż do zimy, robimy z nich przetwory. Banany są zrywane jako niedojrzałe (dojrzewają w sztucznych warunkach), więc nie mają właściwości zdrowotnych. Najlepiej spożywać je na ciepło lub latem na surowo.

P

PAPRYKA OSTRA - smak ostry

Metal, Yang

PAPRYKA SŁODKA - smak słodki

Metal, Neutralny

PASTERNAK - smak słodki

Ziemia, Neutralny

Podobny do korzenia pietruszki i często z nią mylony.

PIECZARKA – smak słony

Woda, Yin

PIEPRZ – smak ostry

Metal, Yang

Po prostu niezbędny!

PIETRUSZKA KORZEŃ – smak słodko-ostry

Ziemia/Metal, Yang

PIETRUSZKA NATKA – smak kwaśny

Drzewo, Yin

PIWO – smak gorzki

Ogień, Yin

POKRZYWA – smak kwaśny

Drzewo, Yin

POMARAŃCZA – smak kwaśny

Drzewo, Yin

POMIDOR – smak kwaśny

Drzewo, Yin

PROSZEK DO PIECZENIA – smak kwaśny

Drzewo, Yin

Nie polecam! Zawiera chemiczne substancje. Zamiast proszku, używajmy sody oczyszczonej, jeśli już musimy.

PSZENICA – smak kwaśny

Drzewo, Yin

R

RABARBAR – smak kwaśny

Drzewo, Yin

RODZYNKI – smak słodko-ostry

Ziemia/Metal, Neutralne

ROZMARYN – smak gorzki

Ogień, Yang

RYBY SŁODKOWODNE – smak słodki

Ziemia, Yin

W naszym klimacie bardziej polecane niż morskie.

RYBY MORSKIE – smak słony

Woda, Yin

RZEPA – smak ostry

Metal, Yang

RZEŻUCHA – smak ostry

Metal, Yang

RZODKIEWKA – smak ostry

Metal, Yang

S

SAŁATA – smak gorzki

Ogień, Yin

SELER – smak ostry

Metal, Yin

SER BIAŁY (TWARÓG) – smak kwaśny

Drzewo, Yin

SER ŻÓŁTY – smak słodki

Ziemia, Yin

SEZAM – smak słodki

Ziemia, Neutralny

SOJA – smak słony

Woda, Yin

Nie polecam częstego jedzenia soi, nie jest z naszej strefy klimatycznej.

SOS SOJOWY – smak słony

Woda, Yin

SZPINAK – smak kwaśny

Drzewo, Yin

SZAFRAN – smak gorzki

Ogień, Yang

SZCZYPIOREK – smak ostry

Metal, Yang

Ś

ŚLIWKA – smak kwaśny

Drzewo, Yin

ŚMIETANA SŁODKA – smak słodki

Ziemia, Yin

ŚMIETANA KWAŚNA – smak kwaśny

Drzewo, Yin

T

TWARÓG – smak kwaśny

Drzewo, Yin

Polecany wiosną i latem, z przyprawami, jako serek śniadaniowy.

TYMIANEK – smak gorzki

Ogień, Yang

Składnik zup, potraw mięsnych oraz herbatek ziołowych. Wywar z tymianku pomaga przy dolegliwościach układu oddechowego.

W

WIEPRZOWINA – smak słony

Woda, Yin

Najzdrowsza jest przyrządzana na ostro. Ma naturę śluzującą, więc nie polecam.

WINO CZERWONE – smak gorzki

Ogień, Neutralne/Yang

WINO BIAŁE – smak kwaśny

Drzewo, Yin

WODA ZIMNA – smak słony

Woda, Yin

WODA GORĄCA (WRZĄTEK) – smak gorzki

Ogień, Yang

WOŁOWINA – smak słodki

Ziemia, Yang

Wartościowe mięso w naszym klimacie.

WÓDKA – smak ostry

Metal, Yang

Z

ZIELE ANGIELSKIE – smak ostry

Metal, Yang

ZIEMNIAK – smak słodki

Ziemia, Neutralny

Po prostu niezbędny w kuchni codziennej, obok rodzimych kasz.

Ż

ŻYTO – smak gorzki

Ogień, Neutralne

Powinno zawsze znajdować się w składzie naszego codziennego pieczywa.

Dodatek 2. Miary i wagi

1 szklanka (pojemność 250 ml) to:

- 220 g cukru
- 170 g cukru pudru
- 160 g maku
- 180 g mąki ziemniaczanej
- 160 g mąki pszennej
- 250 g wody

1 łyżka (pojemność 15 ml) to:

- 13 g cukru
- 12 g cukru pudru
- 9 g maku
- 10 g mąki ziemniaczanej
- 10 g mąki pszennej
- 13 g proszku do pieczenia
- 15 g wody
- 10 g żelatyny

1 łyżeczka (pojemność 5 ml) to:

- 5 g cukru
- 4 g cukru pudru
- 3 g maku
- 3 g mąki ziemniaczanej
- 3 g mąki pszennej
- 4,5 g proszku do pieczenia
- 5 g wody
- 3 g żelatyny

Dodatek 3. Tabelki smaków

Smak kwaśny

YIN	NEUTRALNE	YANG
– Bazylia, natka pietruszki i inne natki warzyw korzeniowych, koperek, melisa, hibiskus, ocet winny, ocet jabłkowy, ocet balsamiczny, liście maliny, liście jeżyny; – Kurczak, kura, kaczka; – Ogórek świeży, wszystkie kiszonki i marynaty, pomidor, szpinak, szczaw, zarodki, kiełki; – Jabłka, cytryny, agrest, porzeczki, poziomki, truskawki,	– Mąka pszenna razowa, cała pszenica.	---------------

mandarynki, pomarańcze, rabarbar, wiśnie; – Jogurt, maślanka, kefir, kwaśne mleko, kwaśna śmietana, twaróg; – Biała mąka pszenna, orkisz, kuskus; – Białe wino, kwaśne soki, piwo pszeniczne, sok brzozowy; – Drożdże; – Musztarda.		

Smak gorzki

YIN	NEUTRALNE	YANG
– Sałata, botwina, cykoria, karczoch; – Estragon suszony; – Owocc wędzonc; – Herbata czarna, zielona, biała; – Piwo, czerwone wino.	– Mleko kozie i owcze, ser owczy, twaróg kozi. – Nagictck.	– Rozmaryn, tymianek, kurkuma, piołun, lubczyk, orcgano, majeranek, szałwia, szafran; – Baranina, jagnięcina, koźlina; – Kasza gryczana, żyto, mąka żytnia; – Kawa naturalna, kawa zbożowa, kakao, wrzątek, gorąca woda.

Smak słodki

YIN	NEUTRALNE	YANG
– Rumianek, – Cukier biały i brązowy, syrop klonowy, melasa, majonez; – Królik, ryby słodkowodne; – Groszek zielony, papryka, buraki, szpinak, szparagi, patison, korzeń pietruszki, kabaczek; – Banany, gruszki, czereśnie, śliwki, morele, słodkie jabłka, arbuz, ananas, figi, brzoskwinie; – Żółty ser, mleko krowie, słodka śmietana; – Coca Cola i inne słodzone napoje; – Ciasta, ciastka, słodycze;	– Lukrecja, siemię lniane, sezam, anyż, nasiona kopru włoskiego, trybula, pokrzywa; – Kura, ryby słodkowodne; – Olej, oliwa, masło, tran, smalec gęsi; – Jajka kurze i przepiórcze; – Ziemniaki, marchew, pietruszka korzeń, pasternak, dynia; – Kasza jaglana, kasza kukurydziana, kukurydza, mąka kasztanowa, mąka ziemniaczana; – Orzechy laskowe, migdały, sezam, daktyle; – Chrupki	– Kminek, papryka słodka, cynamon, lipa, wanilia, biały żeń-szeń; – Cielęcina, wołowina, gęś; – Groch;

- Słonecznik, orzechy nerkowca, fistaszki (niesolone), pistacje, pestki dyni, rodzynki. - Płatki kukurydziane.	kukurydziane; - Miód. - Mleko kozie i owcze.	

Smak ostry

YIN	NEUTRALNE	YANG
– Mięta; – Biała kapusta, szczypiorek, kalafior, kalarepa, brokuł, brukselka, czarna rzepa, rzodkiew, seler, rzeżucha; – Ryż biały, kasza jęczmienna; – Herbata miętowa.	– Rzodkiewka; – Ryż ciemny.	– Imbir, kardamon, pieprze (czarny, ziołowy, biały, zielony, czerwony, Cayenne), chili, cząber, ziele angielskie, gałka muszkatołowa, liść laurowy, czarnuszka, kolendra, curry, goździki, ostra papryka; – Indyk; – Cebula, czosnek, por, czerwona papryczka, chrzan, fenkuł (koper włoski), szczypiorek; – Płatki owsiane, owies; – Wódka, koniak, whisky.

Smak słony

YIN	NEUTRALNE	YANG
– Sól warzona kuchenna, Vegeta, algi, estragon świeży. – Wieprzowina, wędliny, kiełbasa, parówka, owoce morza; – Fasola, soja, soczewica, ciecierzyca, bób, fasolka szparagowa; – Ryby słonowodne; – Grzyby leśne, pieczarki; – Sery pleśniowe; – Zimna woda.	– Gołąb; – Sól naturalna kamienna i morska.	--------------

Bibliografia

Beinfield H., Korngold E. , „Medycyna chińska", wyd. WAB, Warszawa 1999.

Dębski H., „Współczesna kuchnia polska", wyd. Interpress, Warszawa 1985.

Diolosa C., „Wykłady z medycyny chińskiej".

Gao D., „Medycyna chińska", wyd. PZWL, Warszawa 2003.

Królicki Z., „Tradycyjna Medycyna Chińska", tom I–II, wyd. Poligraf, Wrocław 1996.

Lemnis M., Vitry H., „W staropolskiej kuchni i przy polskim stole", wyd. Interpress, Warszawa 1983.

Lundberg P., „Shiatsu", wyd. Delta.

Młotkowski J., „Lecz się sam", t. III, wyd. Jan Młotkowski, Poznań 1992.

Pietyra-Rufin, „Makrobiotyka. Sztuka zdrowia i długiego życia", Centrala Usługowo-Wytwórcza „Różdżkarz", Poznań 1992.

Inne książki Moniki Biblis

Seria Pięciu Przemian pt. „Przepisy wegetariańskie":

- Wiosna według Pięciu Przemian. Przepisy wegetariańskie
  http://www.escapemagazine.pl/369714-wiosna
- Lato według Pięciu Przemian. Przepisy wegetariańskie
  http://www.escapemagazine.pl/369715-lato
- Jesień według Pięciu Przemian. Przepisy wegetariańskie
  http://www.escapemagazine.pl/369706-jesien
- Zima według Pięciu Przemian. Przepisy wegetariańskie
  http://www.escapemagazine.pl/369707-zima
- Dojo według Pięciu Przemian. Przepisy wegetariańskie
  http://www.escapemagazine.pl/369720-dojo

Pozostałe książki o tematyce Pięciu Przemian:

- Kuchnia Polska według Pięciu Przemian
  http://www.escapemagazine.pl/367439-kuchnia-polska
- Wielkanoc według Pięciu Przemian
  http://www.escapemagazine.pl/369682-wielkanoc
- Boże Narodzenie według Pięciu Przemian
  http://www.escapemagazine.pl/369677-boze-narodzenie
- Szybkie Pięć Przemian na różne okazje
  http://www.escapemagazine.pl/369711-szybkie
- Kuchnia Pięciu Przemian dla dzieci zdrowych i alergicznych
  http://www.escapemagazine.pl/369695-dla-dzieci

NOTATKI

NOTATKI

NOTATKI